育路植桑

——高校学生工作实务指导案例集

YULU ZHISANG

——GAOXIAO XUESHENG GONGZUO SHIWU ZHIDAO ANLIJI

■ 黎晓明 / 编著

大连理工大学出版社

图书在版编目(CIP)数据

育路植桑 : 高校学生工作实务指导案例集 / 黎晓明
编著. -- 大连 : 大连理工大学出版社，2024.1
ISBN 978-7-5685-4720-8

Ⅰ. ①育… Ⅱ. ①黎… Ⅲ. ①高等学校－学生工作－
案例 Ⅳ. ①G645.5

中国国家版本馆 CIP 数据核字(2023)第 198193 号

大连理工大学出版社出版

地址:大连市软件园路 80 号　邮政编码:116023
电话:0411-84708842　邮购:0411-84708943　传真:0411-84701466
E-mail:dutp@dutp.cn　URL:https://www.dutp.cn
大连雪莲彩印有限公司印刷　　　　　　大连理工大学出版社发行

幅面尺寸:185mm×260mm　　印张:11.75　　字数:269 千字
2024 年 1 月第 1 版　　　　　　2024 年 1 月第 1 次印刷

责任编辑:王晓历　　　　　　　　　　责任校对:齐　欣
封面设计:张　莹

ISBN 978-7-5685-4720-8　　　　　　　定　价:99.00 元

前　言

百年大计，教育为本。实现中华民族伟大复兴，基础在教育。抓好大学生思想政治教育，需要从宏观层面做好顶层设计，紧扣高校思政工作的方向性、根本性问题，全面贯彻党的教育方针，落实立德树人根本任务，引导学生增强"四个意识"、坚定"四个自信"、做到"两个维护"，提高政治判断力、政治领悟力、政治执行力，牢记"国之大者"，厚植爱党、爱国、爱社会主义的情感，努力培养德智体美劳全面发展的社会主义建设者和接班人。

大学生思想政治教育是一个具有中国特色更具时代特色的深刻话题，涉及中国教育发展和社会进步。21世纪，思维大爆炸，我国教育体制不断改革，高等教育与时代发展同步，引领社会进步。本案例集，从酝酿到筹备再到问世，历经十载，在建党百年之际加以打磨后雏形初具。笔者通过十多年一线辅导员工作亲身经历，思考、回顾、探寻思政工作中可以捕捉的育人规律和实践技巧，希望有缘阅读此书的同行和友人能够激发共鸣、不吝赐教。

衷心感谢大连理工大学张大煜学院的出版支持，向教育家段春迎教授和崔旦书记致敬，为他们在学院发展建设，在拓荒拨雾中的矢志力行和拼搏攻坚深深鞠躬。

感动于全体大工思政人的勠力同心，在如此团结奋进、孜孜以求、昂扬向上的氛围感染之下，育人动力和谐不竭，育人成效超为显现。为笔者的合作人，张大煜学院组织员徐迎华老师点赞，潜心谦躬深耕、夯实细作，践塑支部党建排头兵、党员发展引路人。向为本书提供素材支持的团队成员：大连理工大学电信学部团委书记孙智妍老师、机械学院学办主任范苏月老师回赠：春风化雨无落处，润心有痕点滴时，执子之手，共赴余途，育路一直在，吾思一直爱。

感谢大连理工大学学工处、马克思主义学院思想政治教育双学位课程的开设，使本人有幸执教"学生工作事务管理"必修课。欣喜于选课成员张家琪、黄杰、魏子杰、高玮琪、孔嘉昊、赵俊逸、王凤楠、郭帅、杨景、程琪、齐保坤、耿立国、杨航、马润泽14名同学对结课文字的认真撰写，经沟通，作品经笔者加工之后收入本书。感谢历年张大煜学办小伙伴们的倾力相助，感谢孙太旭、宗伟、柯文雪的素材提供，感谢2016、2017、2018级张大煜各班班长和优秀学生代表。

三尺讲堂、第二课堂，育路植桑、探索至上。

编著者

2024年1月

目　录

管理探索篇

提升政治站位,履行教管职能——学生工作事务管理实务案例 ………………… 黎晓明(3)
校所共建模式下的科研育人实效探索——基础学科拔尖学生培养计划试点运行
　　案例分享 ……………………………………………………… 黎晓明,魏延桐(6)
"不忘初心、牢记使命",干事创业齐奋进——大连理工大学张大煜学院发展建设
　　咨政案例 ……………………………………………………………… 黎晓明(11)
再小的光束也聚焦,并会照亮远方——微小学院学生工作队伍建设案例 ……… 黎晓明(19)
时代之下,青春之上,摆正消费观——大学生责任担当和价值观教育案例 … 徐迎华(24)

实务指导篇

小邵的求职之路——大学生就业指导案例 …………………………………… 黎晓明(29)
新生初选学生工作陷迷茫,老师学长答疑解惑齐带路——大学生社会工作成长
　　体验工作案例 ………………………………………………………… 孙太旭(33)
青春路上伴成长,贫穷面前当自强——一名云贵山区贫困学子的自强之路 … 范苏月(37)
接纳自己,拥抱青春——家庭经济困难学生入学适应案例 ………………… 张家琪(41)
思想偏激求学路,高校教育遇挑战——转专业学生学习情绪调控案例 ……… 黎晓明(45)
女生寝室——那解不开理还乱的一团麻——成功调解一起大一年级女生寝室
　　矛盾的案例 …………………………………………………………… 范苏月(48)
成长路遥,单方面转型与全方位塑造的距离——寝室矛盾处理工作案例 … 黄　杰(50)
大学生,请为你自己"代言"——家庭溺爱环境下的学生成长案例 ………… 魏子杰(53)
莫让学生干部成"断线风筝"——学生干部懈怠情绪调整工作案例 ………… 高玮琪(56)
"准辅导员"的不眠之夜——学生干部参与紧急救治特殊事件工作案例 …… 孔嘉昊(59)
探索教育规律,精准正向激励——助力少数民族学生全面发展工作案例 … 赵俊逸(62)
爱情花开,是幸福还是迷茫?——少数民族新生大学情感调适案例……… 王凤楠(66)
突发状况下的意外"收获"——学业问题学生工作案例 ……………………… 郭　帅(72)
青春之惑,谁是关键?——大学生情感挫折工作案例 ………………………… 宗　伟(77)
"喂食式"如何适应"放养式"?——大一新生适应力调节工作案例 ……… 杨　景(80)
早操,教会了你什么?——新生辅导员谈心谈话案例 ……………………… 程　琪(86)
"00后"们,要学会接受反对的声音——兼职辅导员谈心谈话工作案例 …… 齐保坤(90)
谁敢说自己的心中没有创伤——校园心理约谈现场 ………………………… 黎晓明(94)
陪伴与鼓励——原生家庭大学生心理调适案例 …………………………… 耿立国(99)

不放弃,让他重获新生——大学生心理培育工作案例 ……………………… 孙智妍(102)

知识之惑易解,心理创伤难愈——家庭关怀缺失引发的学生心理创伤案例 …… 杨　航(105)

判断准确,及时处理突发事件——学生急病突发事件工作案例 ……………… 黎晓明(108)

突发病情生命垂危,细微关怀助力成长——大学新生身心健康成长发展工作

　　案例 ……………………………………………………………………… 孙智妍(112)

独孤行者——人格缺陷重点关注学生工作案例 ……………………………… 黎晓明(114)

由重度抑郁学生轻生倾向事件引发的思考——一名重度抑郁学生轻生被及时

　　发现和处理的过程 ………………………………………………………… 范苏月(118)

成长故事篇

卓越之路,你我携手前行——张大煜学院优秀学生成长案例 ……………… 李　朔(123)

交叉科学所获——张大煜学院优秀学生成长案例 …………………………… 袁　艺(125)

探寻更好的自己——张大煜学院优秀学生成长案例 ………………………… 李博楠(127)

笃行致远,大煜标兵——张大煜学院优秀学生成长案例 …………………… 陈奥博(129)

青春无悔须奋斗——张大煜学院优秀学生成长案例 ………………………… 曹　旭(131)

奉献——青年人的时代使命——张大煜学院优秀学生成长案例 …………… 张　悦(134)

目标的力量——张大煜学院优秀学生成长案例 ……………………………… 程　熙(136)

小哲的"小哲"——张大煜学院优秀学生成长案例 ………………………… 贺　哲(138)

天道酬勤,无悔青春——张大煜学院优秀学生成长案例 …………………… 林家宝(140)

扬自律之帆,行知识之海——张大煜学院优秀学生成长案例 ……………… 温鹏程(143)

团队建设篇

班建工作稳步推进,双风团建同步发展——大煜1701班班级建设案例 …… 张　政(147)

以文育人,打造班级文化名片——大煜1702班班级建设案例 ……………… 杨　兰(152)

凝聚新集体,团结共进步——大煜1801班学风建设案例 …………………… 徐成斌(157)

班级与支部建设中的"家文化"——大煜1802班班级与支部建设经验 …… 杨宇鹏(160)

立足专业特色,创推班级品牌——大连理工大学先进班集体建设案例 …… 马润泽(163)

多措并举,凝心聚力,把思想引领融入基层团组织建设全过程——团支部建设

　　实践案例 ………………………………………………………………… 柯文雪(167)

先锋领航促成长,支部创新聚力量——高校学生党支部建设工作案例 …… 孙智妍(171)

铿锵玫瑰,大工精神——特殊学生群体培养建设案例 ………………… 黎晓明,孙智妍(174)

班导生工作建规程,入学教育老带新——班导生选拔机制建设案例 ……… 黎晓明(178)

管理探索篇

凡此种种,皆为序章。

高校思政工作要切实落实教学、科研、管理全过程,各方面,始终牢记为党育人、为国育才,坚持社会主义办学方向,紧扣立德树人根本任务,充分发挥高校智力资源集聚的突出优势,实现全员、全程、全方位育人。着力提升思政教育综合平台有效载体的教育影响功能,已然成为我们不断思考并着力强化的实践关键。

现实土壤已然催化,我们要把握新时代,找准新方位,直面新挑战,抓住新机遇。在勇于探索、突破创新中,我们要助推高等教育发展,为参与伟大斗争、融入伟大工程、推进伟大事业、实现伟大梦想贡献思政力量,积极探索新时代下的育人规律,提升高校思政工作与高校事业协同发展、深度融合,着力夯基固本,造就能打硬仗的"尖兵"班组。守正创新,坚持用习近平新时代中国特色社会主义思想铸魂育人。健全高校立德树人落实机制,始终需要进一步深入思考,思想政治教育工作者使命在肩、任重道远。

道阻且长,行则将至;行而不辍,未来可期。

我们走在队伍建设的大路上,把阳光装进行囊。

我们汇聚团队发展支流,一路躬耕,播撒爱与希望。

我们奋力探索育人之路,采撷收桑,绽放笑容。

提升政治站位，履行教管职能

——学生工作事务管理实务案例

黎晓明

案例描述

高校思想政治工作的整体要求要契合时代主题和我国发展实际，切实围绕培养什么人、如何培养人以及为谁培养人这个根本问题。教育应坚持把立德树人作为中心环节，把思想政治工作贯穿教育教学全过程，实现全员、全程、全方位育人。深入学习贯彻党的二十大精神，认真学习领会习近平新时代中国特色社会主义思想，认真落实全国高校思想政治工作会议精神，坚持正确方向、坚持立德树人、坚持服务大局、坚持改革创新，办好中国特色社会主义高等教育，为实现中国梦的伟大构想提供坚实的人才支撑。

如何解决高校学生工作面临的实际问题？首先，应认真学习贯彻习近平高等教育重要论述，进一步增强办好中国特色社会主义大学的责任感、使命感，统筹做好教育改革、发展、稳定的各项工作。其次，作为高校思想政治教育工作者，必须认真领会、努力实践，提高认识，提升政治站位。再次，全面落实立德树人的教育使命和根本任务，学生工作队伍是极其重要的参与者和执行者，必须具有较高的政治素质和坚定的理想信念，坚决贯彻和执行党的基本路线与各项方针政策，用较强的政治敏锐性和政治辨别力努力实践。

针对学生日常事务管理工作，应从做好符号意义的关键节点和细节之处把握：开展入学教育、毕业生教育及相关管理和服务工作；组织开展学生军事训练；组织评选各类奖学金、助学金；指导学生办理助学贷款；组织学生开展勤工俭学活动，做好学生困难帮扶；为学生提供生活指导，促进学生和谐相处、互帮互助；努力学习思想政治教育的基本理论和相关学科知识；参加相关学科领域学术交流活动；做好学生工作队伍自身的理论积累和实践研究；参与校内外思想政治教育课题或项目研究。

案例分析

从一线辅导员角度出发，理清学生工作事务管理的基本概念是做好学生工作的首要前提。所谓事务管理，是将事务性工作范畴进行实体化推进的过程，将工作内容悉数带入学生发展生活实际，进行渗透、摆位，并与思想政治教育理论相融合，以便获得学生的支持和认同，这一过程是掌握学生实际、深入学生内心、做好学生工作的切入点。

学生工作事务管理的范畴蕴含于整个学生工作全程。其内容简单归纳包含:(1)大学生思想动态发展信息的采集与交互;(2)大学生社区管理社区文化引导及效果评价;(3)学风建设、荣誉评选等政策类工作的督管协办;(4)大学生保险等资助类工作的宣传实施及评价;(5)班团一体化建设管理规范的修订与促进;(6)学生信息统计管理和各类宣传、总结文字的起草、交流与展示。

学生工作事务管理的途径和载体集中于寝室、班级、年级、社团各领域。在通常意义上,通过上传下达的各项工作任务蕴含于组织建设各环节。一件事务工作的完成过程可以承载各种不同寓意的工作内涵。此外,事务性工作具有一定意义的不可抗力,事务工作的完成不是简单的一件事情、一项工作,而是具有政治意义的工作整合。因此,对事务工作的认同等同于对辅导员职业的认同。

做好学生工作事务管理,要突出"管理"。事务工作的完成只是个过程,管理才是精华,从管理学视角审视完成的过程,是突出完成结果的有效评价。"心有多大,舞台就有多大",对于一项工作的完成,管理意味着应追溯到严格审视通知来源、消化通知主旨、理解通知意义。对于设计通知的组织部门本身,要提高管理水平,摆正管理角色,提升管理效果。

对一项事务管理工作完成效果进行评价的基本要素包含:对概念和要求的清晰;对任务的完成态度;对工作本身的理解和延展;是否突出结合实际的工作设计;能否有效获得学生的广泛认同;实施者本人是否获得了能力提升和工作收获。

案例启示

一、做好学生工作事务管理是做好各类学生工作的基础

在工作中,辅导员接触事务管理工作之初,只被认为是"接活干活"的过程,但无形中,这个过程成为辅导员熟悉工作、熟悉学生、建立制度的基本信息来源,虽然简单、琐碎却意义重大。只有在熟悉、养成良好工作习惯的基础上,提高工作认识,理解工作要求,才能够进一步承接更高标准的工作任务,深化工作内涵,提升工作格局。

二、学生工作事务管理是辅导员职业发展的基础平台

"不扫一屋,何以扫天下",任何职业发展的最初形态都是简单的机械运动。将简单的工作赋予一定的文化内涵和自我认识及岗位职责,逐步将工作推向更高的标准和新的定位,融入社会元素和发展理念,辅助产能、效能转化,从而获得职业认同。不断定义辅导员工作新的内涵,适应新时代发展,提升职业能力,始终增强其职业化、专业化、专家化的功能,实现职业发展的不可替代性。

三、学生工作事务管理依托国家政策和学校发展实际

"没有规矩,不成方圆",好的规范要求建立在正确的导向基础之上,行之有效的发展路径归因于契合和发展实际的内部力量。结合顶层设计,思考和评估关于科学发展的制约因素并加以修正,是不断增强学生工作管理职能的有效体现。面对错综复杂的国际国内形势,一定要审时度势、居安思危、韬光养晦、与时俱进,了解符合实际的形势策略,做出深入人心的决策规范,也就是要走群众路线,从学生发展需求实际出发,定位学校发展实际。

四、学生工作事务管理是履行教育管理职能的第一辅助

自19世纪末以来,众多学者就已经展开对高校教育管理职能的论述,其中最广泛的五大职能之说发展至今,即教学、科研、社会服务、科技孵化器及就业指导。全部的职能都直指我们的教育服务对象——学生。做好学生工作,尤其做好最基础的大学生思想政治教育工作,对推动学校发展和体现学校教学管理职能的核心引领作用至关重要。加强学生工作事务管理的研究、实践,打牢辅导员基本功,将成为新时期大学生思想政治教育工作突出成效的第一辅助和效果展现的最优路径。

校所共建模式下的科研育人实效探索

——基础学科拔尖学生培养计划试点运行案例分享

黎晓明　魏延桐

案例描述

大连理工大学(原名大连工学院,以下简称大工)是中华人民共和国"四大工学院"之一,张大煜、王大珩、钱令希等老一辈科学家曾在校工作过。建校以来,在大工优秀的历史传承和立德树人的教育核心滋养下,一代代杰出科学人才脱颖而出,铸就了学校特有的"红色基因"。自 1949 年建校至 2023 年的 74 年,全校师生同舟共济、勠力同心,始终奋斗在育人战线的基层岗位中。而今,在"三全育人"的整体格局下,我校化学学科的发展始终致力于由强势到尖端、由广口径到集约型的转变。大连理工大学张大煜学院,作为基础学科拔尖学生培养计划 2.0 基地,其建设与发展的历程为化学学科拔尖人才培养工作、校所共建模式下的科研育人实效探索提供了有益参考。

案例分析

一、谋篇布局——学院建设平稳推进,科研育人协同发展

科研育人是一种新型的教育理念,是指通过科研进行知识创新,及时更新教学内容,通过组织培训对象参与科研实践,锻炼科学思维、提高能力素质、培育创新人才等一系列活动的总和。科研育人包含"育教师"和"育学生"两个方面,其最终目的还是培养学生。

育教师:通过对国家政策及学校发展指导精神的学习领会,引导教师从课堂走出来,到实践中看一看,到学生普遍生活的环境中了解学生所需,到教育中枢和学科发展前沿体验教育之本。通过系列"讲、听、做、学"活动的开展,推动教师充分认识爱岗敬业、孜孜不倦的教师之本,激发教师勤勉务实、博专精研的探索精神,从而全方位达到"育学生"的终极目标。

育学生:以"大煜精神"和文化传承全面激发学生科研报国之志,启迪学生心灵;以大工"红色基因"传承为主线,教育指导学生牢固树立入校荣校的科研使命和爱校报国的责任担当,将科研之魂植根于心;以"走出去""请进来"的方式,引导学生开阔视野,以辩证严

谨的科研视角见贤思齐;以项目申报等自我革新的奋斗精神求知争先,不断探寻未知世界,并用发现的眼睛捕捉未知元素,实现研究突破;以广博的胸襟面对挑战,提升综合能力,心怀科研,心系家国,不惧前路、勇攀高峰。

在学院发展层面,明晰科研导向,理顺组织结构,提供人、财、物各项后勤保障;积极拓宽科研渠道,完善与中科院大连化学物理研究所(以下简称化物所)联合共建机制建设,不断引进明星师资,与业界专家共研学术推演,营造良好科研育人氛围。以开创机制、提升认同、拓展途径、构建环境、营造氛围为建设策略;以深化改革驱动科研育人、搭建平台拓展科研育人、强化队伍提升科研育人、完善机制保障科研育人为工作框架,统筹推进学院科研育人工作的有效开展。校所共建模式下"科研育人"研究路线如图1所示。

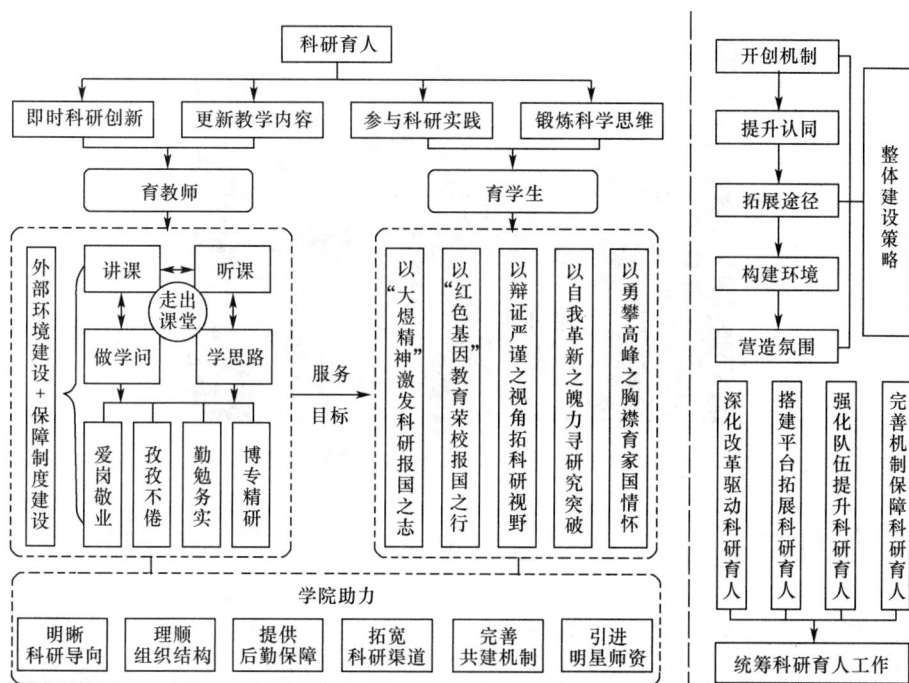

图1 校所共建模式下"科研育人"研究路线

二、行稳致远——学科发展培优创新,育人平台独木成林

张大煜学院始建于2016年4月22日,在与中科院大连化学物理研究所的联合共建下,至2023年已走过7年的发展历程,科研成果斐然。张大煜学院院长段春迎教授在介绍学院情况时指出,张大煜学院是机制创新模式之下的特殊科研培养平台,在联合培养机制保障下,我们拥有9位院士,长江、杰青若干,在全国29个国家重点实验室中,高水平的3个实验室都在这里,包括新能源国家实验室(大连光源)建设等的投入,大工、张大煜学院均做出了人、财、物上的倾斜,在特区建设模式下充分体现了学院责任。一大批优秀青年才俊的引入,更增强了学院的办学特色和师资魅力,张大煜学院的名片逐渐发挥出无限

的学术广度和科研厚度。

在学校的大力注资和扶持下,在化物所的倾力投入下,学院在引进高水平师资力量的同时,提升本科招生层次,以本、硕、博8年贯通培养的优越政策吸引了来自全国18个省、自治区、直辖市的185名本科生和222名硕、博研究生。学生教学计划详尽,教学方向明晰,科研资金充沛,人员配置逐步完善。学生积极参与化物所科创项目、寒暑期科创实践项目、国外交流访学项目、校外科研辅助项目等。目前,学院本科生参与我校大学生创新创业计划训练项目50人次,化物所创新实验项目37人次,"攀登杯""润英联杯"科研竞赛等20余项。2019年我院共有43名学生参与化物所化学、物理学、材料科学、化学工程与技术4个一级学科的37项研究项目。学院整体科研氛围浓厚,师生精神面貌积极向上。张大煜学院特聘教师受聘如图2所示。

图2 张大煜学院特聘教师受聘典礼

三、以行践知——改革试点落地见效,特色培养名副其实

以科研促发展,张大煜学院始终坚持发展科研至上的原则理念,始终不断思考,努力实现张大煜"家文化",以培养和造就社会主义菁英建设者和可靠接班人为培养目标,以科学研究为平台不断提升育人水平。以行践知,学院全体师生深刻理解综合改革的重要现实意义,为使改革试点落地见效,学院坚持特色发展,在不断巩固自身优势、增强影响力的同时,努力做到革故鼎新,全面构建一体化育人体系。

学院积极拓展国际化联合培养新视界,2019年11月与英国卡迪夫大学签订联合培养合作协议,每年推荐10名学生分别在本科及研究生阶段分两年前往英国开展学术交流和科学研究工作;学院举全院之力组织开展"大煜讲堂暨青年科学家论坛"工作,邀请国内外化学学科领域的顶尖知名学者来校讲学,开创了学院科研育人的革新壮举;积极推动完成与化物所共建"融合基金"项目的顺利签署,以每年4000万元的资金支持全面促进了科研保障平台的顺利搭建。学院已建立成熟的师生互动交流平台,通过各类学术研讨会、报告会、工作布置会、交流推进会的模式开展面谈互动近10次,本科一年级新生入学第一学期即可进入导师课题组开展科研活动,全面促进了张大煜科研"家文化"建设。新生在教师指导下参与科研训练如图3所示。

图3　新生在教师指导下参与科研训练

目前,通过几年的全国招生,以"张大煜化学菁英班"冠名的特色学生培养模式已在全社会广泛传播,2019级学生专业志愿满足率高达95%,录取分数位居全校前五。学院2016级毕业生中,保研39人,保研率达78%,学生集中选择复旦大学、大连理工大学、化物所、上海有机所等国内知名校所继续深造。

案例启示

一、试点建设工作中存在的难点与问题

改善科研与教学的贯穿问题,全面加强学院教师承担本科课程比例。克服学院成立时间短、教师人数少等困难,加强教师与学生的接触交流,通过科研与教学增强教与学贯穿功能的发挥。

学院虽着力开展课程思政建设,要求教师在每门课上讲学科导论、讲问题来源、讲理论归因、讲发展导向,要求师生共创思政课堂,但结合主题教育突出科研成果的社会转化尚未显现,教师教材、思政"两把关"存在一些差距。

二、试点建设工作未来可期的现实举措

深挖学生发展平台与科研的有效结合,在各类科研活动中突出育人功能;建设学生科创目标责任制,努力打造1个以上科创精品项目;营造学院整体科研学术氛围,用"红色基因"将科研育人与校园文化相结合;加大优秀学术成果的宣传,对优秀学术带头人和学术团队典型宣传的同时,转化育人实效,培育1支以上科研育人突出的校级团队。

学生工作深入课堂、深入实验室、深入学生研究项目,了解学科发展内涵,熟悉学术研究框架;加强学生管理与教学科研的示范联动,全面培养学生的学术参与竞争意识,将第一课堂与第二课堂建设有机统一。通过建设完善张大煜学院科研育人助推器——学生工作办公室、教务办公室、研究生工作办公室、党务工作办公室与学科发展的科研联动,加快

建设科研育人的外部环境。

"不积跬步,无以至千里;不积小流,无以成江海。"在新时代科研育人的探索和实践中,张大煜学院始终践行"开放、创新"的精神,树立服务社会的理想追求,倡导敢为人先的科学态度,在学生心中播撒智慧和创造的种子,引领学生以梦为马,追逐梦想,走出了一条高质量科研型人才培养的发展之路。

"不忘初心、牢记使命"，干事创业齐奋进

——大连理工大学张大煜学院发展建设咨政案例

黎晓明

案例描述

大连理工大学张大煜学院成立于2016年4月，是由大连理工大学和中国科学院大连化学物理研究所共同出资建设而成的具有独立物理空间、行政架构和特区机制的学院，采用集人才培养、学科建设和科学研究等为一体的校所合作新模式。学院突出化学与化工学科融合的优势与特点，充分利用中国科学院大连化学物理研究所和国家级化学实验教学示范中心的研究与教学条件，构筑科学合理的课程体系，选配优秀师资，开展本科化学专业的特色建设，依照教育部相关政策打通本科生、硕士和博士研究生的培养界限，建立八年制的创新人才培养新机制，享有基础扎实、数量充裕的优质学生生源，实施精英教育。截至2023年，在校本科四个年级共计185名学生，硕、博研究生共计222名学生，是全校体量最小的微小学院。

学院以培养未来化学家为目标，培养具有宽厚、扎实的数学、物理基础和化学理论基础，以及较强的实验技能，能在化学或相关科学和技术领域从事研究、教学和科研开发的高素质科学技术人才。学院配备高水平师资队伍，5位两院院士，3位化学化工国家重点实验室主任，20位长江学者、杰出青年基金获得者、国家级教学名师，以及其他通过全球招聘引进的青年才俊，组成"全明星"师资阵容。

2019年初，学校学部制改革，张大煜学院开始独立运行。在最初六个月的发展建设过程中，全体大煜人"不忘科研初心、牢记奋斗使命"，深入思考基础建设、发展目标、学科科研、传承创新，以不足20人的体量，高质量完成了独立运行的华丽转身。

为进一步贯彻党对高校思想政治工作的指导，结合党的二十大精神以及全国宣传思想工作会议、全国教育大会精神，结合张大煜学院建院初期各项事业发展的迫切需要及客观现实，学院全力做好基层文化建设"一把手"领导责任工程，努力号召学院全体师生不忘初心、牢记使命，奋力开创学院文化软环境建设和学科发展的崭新开局。

张大煜学院针对菁英班特殊人才培养模式，判定各项政策，推动学生培养有据可依。制定《张大煜化学菁英班选拔与淘汰机制实施细则》《张大煜学院本科生导师制实施办法》《张大煜学院大学生科研创新训练计划管理办法》等一系列培养办法。"家庭式"培养模式及学科发展快速建设步伐曾被科学网（《大连理工大学张大煜学院：家庭式育人的催化作

用》)独家报道,成为国家基础科学班的典范。此外,《理科化学本硕博贯通式培养的探索与实践》获评教学改革基金项目立项;《校所共建模式下的科研育人实效探索》获批"三全育人"综合改革专项试点建设立项。

初心不忘、韶华不负,全体大煜人以高昂的奋斗之姿,以开疆拓土的创业之志,昂扬奔跑在建设"双一流"征程的康庄大路上。

然而,时间需沉淀,队伍需融合,认知需统一,思路需理清。半年的成就绝对不能说明问题,一个学院的发展也绝对不是半年可以充分诠释的,我们需沉下心、达共识,用"咬定青山不放松,立根原在破岩中。千磨万击还坚劲,任尔东西南北风"的意志,干事创业,拼搏奋进。

案例分析

一个独立运行的二级单位,在发展不到半年的进程中,在人员极度缺乏的情况下,虽表面做到了有人干活且取得了一定成绩,但其内部的发展一定存在某种不甚健全的问题,在工作机理方面和建设拓展方面,还存在大量亟待推进的软硬件诉求。

一、学院顶层设计

1.管理力量稀缺带来巨大的管理压力与风险

学院管理层政治理论学习的机制不健全,新形势下领导班子思想政治建设的规律和办法缺少针对性和实效性,使得领导班子思想政治建设工作缺乏生机和活力。俗话说,"火车跑得快,全凭车头带",学部领导班子尚未配齐,学院机关专职管理人员仅2人,负责学院的日常管理、人事、人才、国际合作、本科生教务、研究生教务与管理、学科建设、实验室仪器设备、实验室安全、工会等10余项管理工作。就目前的管理力量,不足以支撑学院所承载的"将张大煜学院建设成为科教协同育人和科研协同创新的示范区"这一建设初衷,更给现阶段各项各类管理工作带来巨大压力与管理风险。

2.学院体制、机制尚不明晰

张大煜学院是随化工与环境生物学部改制而独立建院的,由于两学院存在历史关联,同属化学学科,使得学科与行政区划产生错位关系,需要双方经常性协商解决工作事务,给学院管理带来巨大挑战,在管理运行过程中张大煜学院的体制、机制和战略发展定位不够明晰的问题逐步显现。

二、党的核心工作

1.尚未形成完善的学院党政建设工作规范

由于学院成立不久,学院党总支委员会尚未正式成立,相应的基层党组织建设制度不成熟,青年教师和学生支部委员之前均未接触过党务工作,业务不熟悉,组织沟通困难,虽有极大的组织热情,但并无完善制度、无严格规范的党政建设,给党总支委员会会议决策、中心组学习安排、师生党支部正式建立等工作带来影响,使得学院在"四项工程"建设方面,"双带头人""样板支部"建设中进展缓慢。

2."新鲜血液"发展计划少、培养对象少

张大煜学院将全部研究生党员都编入研究生导师师生纵向党支部,由于原化工与环境生物学部整体统筹和学院临时党支部的人员划分问题,学院 2019 年只有 1 名研究生党员发展计划,所有积极分子都在原学部党支部进行培养,造成学院现有党支部脱节,后继乏人,影响了党组织的战斗堡垒作用,削弱了党组织的战斗力。

3.理论功底不够深厚,运用理论指导实践不够

当日常业务工作的繁重与学习发生矛盾时,党支部成员会认为学习是"软指标",存在"以干代学"现象,有时工作繁忙成了理论学习不够系统、深入的借口。没有把理论学习放在重要位置,某种程度上忽视了理论学习和思想武器的重要性,缺乏自觉学习政治理论的精神。在理论体系把握上和"融会贯通"地运用理论学习成果去指导实际工作上不相适应,忽视理论对实际工作的指导作用,导致理论与实践存在脱节,不能有效地与实际工作紧密结合。

三、学科发展

1.与化学学科之间的存量、增量和协调发展问题

发展初期,张大煜学院开展学科发展的部分问题的清晰度始终受多方制衡。学院亟须全力思考新思政观理念下的学科发展计划,亟须构建课程建设框架,梳理学院学科归属,建设相应专业课,以促进全院上下形成积极、集中、规范的人才培养氛围,使学院以学科均衡布局为核心,在人才队伍、地域分布、国家战略要求、社会影响等方面达到综合均衡。

2.缺乏培养对象、育人形式单一

首先,张大煜学院目前本科生、研究生招生数量少,学院特聘研究员无法独立招收博士研究生,阻碍了学院培育德智体美劳全面发展优秀化学家的既定目标。一方面扩大招生为学生提供了圆梦机会,另一方面生源质量与生源数量有着密不可分的关联。其次,培养过程中,全方位协调课程设计与学生知识储备建设的矛盾日益突出。师生缺少同更多优秀人才交流的机会,开展协同育人、交叉沟通、共享资源的科研育人形式对学院科研育人进程尤为重要。

四、基础建设

1.缺少规范化、制度化的学生培养方案

学科培养方案和课程结构体系体现了专业办学的定位,规定了人才培养的目标、规格

和模式,是学院教育、教学的指导性文件,是培养人才、组织教学的主要依据。张大煜学院独立运行时间短,建设初期尚未形成规范化、制度化的学生培养方案,针对学院特殊的人才培养模式,学生培养方案必须有据可依,形成教学辅助"一条线"原则,所以,为适应新时代育人理念,精准定位学科建设目标,制定规范化、制度化的学生培养方案必不可少。

2.基础资源匮乏与危险并存

学院独立时间短,尚不具备承担重大项目和前沿交叉学科项目的能力。在人才方面,学院目前体量小,仅有 13 位在全球范围内招聘的优秀青年教师,且缺乏经验和独立工作之后的标志性研究成果,以及在各领域内的知名度。在基础资源方面,没有明确的办公用房和实验用房,独立建院后所需公房未能及时分配到位,没有专门、专项实验室供科研所用,学生不能完全按照实验室的使用标准进行操作,造成科研过程受到局限。由于借用实验室的空间有限,实验用品摆放密集、通风差、无防火设备,极易造成安全事故,存在潜在的安全隐患。此外,基础资源是学院办学、开展教学、科研实践的重要的基础性保障条件,教育资源与教育实践相辅相成,只有两者牢牢结合在一起,才能不断推进学院强有力的育人进程,筑牢科研育人的红色阵地。

五、行政工作

1.教师对学生的思政教育指导力体现不充分

思想政治工作是学校各项工作的生命线,各级党委、各级教育主管部门、学校党组织都必须将其紧紧抓在手上。学院专聘教师大多没有承担为本科生授课的任务,不能融入学生专业课中,一部分学生需要较长一段时间在大连化物所开展科研活动,一定程度上存在思想教育跟踪、管理不到位的现象,日常的思政教育工作无法开展,师生联系不够紧密,教师的指导和引领作用存在差距,存在行为指导少、启发少、引导少等问题。在"三全育人"工作推进中,教师开展"三会一课"困难,政治生活形式难以创新,应以一对一谈话的方式围绕学习、思想展开思政教育工作,使思政教育辐射至每个学生个体。

2.行政人员的工作责任不明晰,仍需提高专业素养

行政管理人员缺乏专业知识,学院仪器管理人员不了解仪器使用原理和仪器使用流程,办公室离实验室距离较远,遇到问题不能及时处理。行政人员工作目标不明晰,张大煜学院同化工学部存在协同办公的情况,学院与原化工学院的协调沟通上存在问题。这就要求学院行政工作人员要明确工作内容、任务、目标,并在教、学、管的全过程为师生提供强有力的辅助和支持。

六、学生工作

1.缺乏完善的工作制度

由于学院于 2019 年起才开始独立运行,在学生工作方面缺乏完善的工作制度,学生工作没有明确的发展方向,同时,没有专职辅导员,兼职同志岗位职责不明晰、工作任务不

明确。目前,学院仅有一名专职学生工作者(总支副书记),其他人员毫无工作经验,对张大煜学院的学生均不熟悉,"上面千条线,下面一根针",导致所有工作只能集于一人,工作任务繁重,效率低,工作质量问题逐渐凸显。

2.核心竞争力培养与教育目标化出现矛盾

学生课业压力巨大,无有效参与学生工作的精力。学科要求限制了学生对综合素质提升的投入。菁英教育的突出特点和本硕博贯通培养机制,导致学生本身的侧重点不在于提升综合素质能力,而在于如何保证专业成绩。专业的特殊性,导致学生排斥学生工作,对于学校的学生素质培养问题置若罔闻,工作难以开展,思想难以传达,学生综合素质难以提高。这与学校一直贯彻的德智体美劳全面发展的培养目标相违背。

3.缺少完整的学生工作队伍

学院刚刚独立,学院从未有过学生组织,学生未曾经历干事、副部长、部长的工作阶段,从无学生工作经验,以至于分散专职教师精力,降低工作效率,学生工作整体发展迟缓。同时,专职工作人员数量短缺,兼职学生工作者精力有限,由于工作分工不清晰,兼职人员无法承担重要工作内容,且兼职工作的状态和工作投入不可能达到我校学生工作较高标准,阻碍工作效果的实际显现。

案 例 启 示

一、快速建立与校主管领导及其他部门之间的有效沟通

张大煜学院将充分考虑目前的客观现实,本着对事业负责的态度,克服学科和行政错配的不利因素,做到关联性工作与化工学院认真磋商协调解决,探索形成关联问题的解决方案和长效机制。将建议学校进一步论证并明确张大煜学院的发展战略定位,在此基础上,学院编制《张大煜学院章程》,进一步明确学院的管理体制和运行机制。

学院党总支坚持党管干部,教育引导学院领导班子成员团结协作、主动担当、勇于补位;坚持党管人才,鼓励和支持学院学术骨干教师承担学院管理工作,并增加学院机关工作人员,加强管理力量。在理论指导方面,以主题教育"六个专题"学习研讨为契机,进一步规范和修订学院党总支理论学习中心组学习制度,坚持问题导向,坚持调查研究,把自己摆进去,把职责摆进去,把工作摆进去,学思践悟,知行合一,确保理论指导实践取得实效。

同时,针对实验室管理、实验室建设、科研管理、国际交流与合作管理等业务管理工作,一方面邀请校内外相关部门面向学院机关开展培训,另一方面赴国内外相关单位开展调研学习,提高管理水平。坚定信念、执着追求、多方咨询、同舟共济,聚焦科研,在"三全育人"工作推进阶段,形成确实有效的人才培养格局。

二、加强党的核心领导力建设

加强对习近平新时代中国特色社会主义思想的学习,以习近平"不忘初心、牢记使命"的相关论述为学习重点,通过集中学习、自主选学,结合"三会一课"制度开展学习。同时,在学懂、弄通、做实上下功夫。通过不断学习,深入理解、剖析调研成果,指导工作。积极探寻多样化的学习方式,积极营造组织学习氛围,根据授课内容和党员的各自特点,针对教工党员、研究生党员和本科生党员的不同情况,采取分层次组织学习的方式,做到重点突出、学习主体明确;充分利用网络等现代化学习手段组织学习;通过组织参观社会主义建设新成果项目展、听取革命前辈及英雄模范的先进事迹报告等形象化教育,配合主题学习的开展,增强党员对理论的理解能力;重点解读,共同探讨,深化对理论体系、文件精神的学习和交流。

通过制度加以引导、约束和规范,确保政治理论学习常态化。学院将结合《中共大连理工大学委员会关于党员教育培训的实施意见》制定学习签到考勤、学习请销假和学习奖惩等制度。指导策划"样板支部"建设方案,组织全院师生开展建设研讨。确定支部书记的"双带头人"培育人选并安排该同志作为负责人协管学院科研工作。积极配合学校党委组织部,尽快成立党总支委员会,明确成员分工,制定《张大煜学院基层党组织制度汇编》,从党总支层面统一规划,充分发挥党总支政治核心作用,坚持党的领导,加强党的建设,认真履行全面从严治党的主体责任。

三、始终加强学科发展

化学与化工两个学科紧密相连,互通交叉,建立沟通对话机制,学科间的交流合作更有利于共同发展,化学学科的发展将是对"大化工"建设的有力支撑。积极推动双方教师跨学科招收研究生将是推进双方合作的最优方式。在其他高水平大学内加强招生宣传,扩大人才培养优势,是提升教师社会影响力、吸引优质生源的重要手段。以招生为契机,凝聚共识,形成一定社会美誉。

建立完整的学科发展规划推进清单,形成学科发展模式问题、队伍建设问题、发展导向问题框架;建立学科发展成果推进评价指标体系,全面促进化学学科科研问题与世界前沿科技成果相转化。突出学院在校所共建优势平台的教学设计,实现国内高校交叉人才培养环节的创新突破。

集合教育目标导向,继续将数学、物理等基础课知识的深度和广度加以拓展,提高学生基础知识学习能力,对进一步协调课程设计与学生知识储备建设、提高教师队伍科研素质和思想道德素质提出了更高的要求。为此,必须推进本硕博教学培养计划的修订与完善,引导、激发学院教师根据学生不同阶段状况把控授课内容的深浅程度。继续引进研究员,与化物所兼聘教师组成导师群,积极鼓励青年教师与兼聘教师开展实质性合作,共同申请科研项目、共同招生。积极鼓励教师和研究生参加国内外学术交流会议,定期邀请知名专家学者来院讲学,做好"走出去、引进来",增强化学学科的影响力。

四、继续加大基础建设投入

充分利用校所共建平台,建设独立物理空间、行政架构和特区机制,兼聘杰青、长江学者特聘教授以及院士发挥主观能动性,以兼聘教授为主导,引领和指导年轻专聘教师申报重大项目和前沿交叉学科项目。针对事关学院发展前景和战略目标实现问题的物理空间,学院充分利用学校调研契机,努力反映学院对物理空间需求的急迫性,再次提交办公用房、实验用房合理配给的需求报告,积极推进院楼尽快核拨并投入使用。

充分结合校所合作实际,按照大连理工大学"加强顶层设计和突出管理重心下移相结合,机制体制创新整体推进和重点突破相促进"的原则,以深入落实"协同育人"为核心,完善学院实验室安全及管理等制度体系,从而使学院的发展有章可依,提升精细化管理水平。增加安全消防器械,培训器械使用规范。强化基础、突出重点、建立规范、落实责任,构建内容完善、标准健全、运行科学、保障有力、成效显著的管理质量体系。

大力推动以"课程思政"为目标的教育改革,建立完善的学生培养体系,突出展现学生工作特色:进一步突出学生工作的育人功能,通过各类工作辅助打通学生培养的各环节,广泛搭建学生工作育人平台,形成育人队伍合力,有效开展学生培养。修订完整的教学培养计划,广泛吸取国内外优秀学生培养基地建设经验,持续改进培养方案以满足未来化学科学家所需知识储备和科学素养。加强管理,注重政治觉悟、道德品质、文化素养的培养,努力帮助学生成为德才兼备、全面发展的复合型人才。

五、突出行政工作与教育管理效能

建立与化物所的沟通对话机制,协同所内职能部门,厘清责任划分,明确责任分配,完善对应制度建设;同化工学院积极沟通,做到信息公开,杜绝由于分工不清造成的推诿现象;形成稳定的工作团队、稳定的责任分工;坚持育人导向,突出价值引领,邀请化物所教师担任学生科研班主任,借助讲座、报告和班会联谊等形式,加强思想政治教育,规范学生的思想道德和科研行为。

重视及培养学院行政管理人才,全面提高管理人员的专业素质及思想道德素质;建立一支资质高、稳定性强的行政管理人才队伍,加强操作人员的责任心,健全仪器使用及维修档案,节约实验成本,提高仪器的使用效率,科学、高效地开展仪器管理与维护工作。

为教书育人创造条件,安排9门课程由学院专聘教师为本科生上课。突出贯通培养优势,提前将本科学生纳入科研队伍,将研究生课程前置。遵循思想政治工作规律,遵循教书育人规律,遵循学生成长规律,不断提高工作能力和水平,用好课堂教学这个主渠道,提升思想政治教育的亲和力和针对性,满足学生的发展需求和期待。坚持问题导向,精准施策,教育引导教师加强师德师风建设,重视大学生思想政治工作,按照"四个引路人""四个相统一"的要求,争做"四有"好老师。

六、大力开展学生工作

学生工作精细化是学院发展建设的关键问题,形成良好的学院文化和学生工作思路是有效开展具体工作的条件保障。建立有章可循、有制可依的工作平台是做好学生工作的前提。应完善学院学生工作的精细化管理,促进学院学生工作的制度化、规范化,形成有迹可循的学生教育管理办法。

从学生中来,到学生中去,积极组织学生建言献计,了解学生发展需求,组成研讨团队,分析问题、解决问题。集思广益、积极配合,做出最广泛的问题梳理。全面掌握教育服务对象的基本情况和教育需求,建立学生工作全队伍、全项目、全细节的"三全"育人流程,结合国家相关规定规划学生工作重点,循序渐进。建设专职学生工作队伍,保障学生工作软硬件条件。

完善宣传体制机制,建设育人工作载体,突出宣传平台建设,打造优质学生工作枢纽,形成完整的学生工作体系化建设,建立学生工作宣传平台,优化奖、贷、勤、助、补等申请过程,全面促进网络一体化建设,着力解决"点线面"传统思政工作方式中效率滞后的问题。培养学生的规矩意识和参与热情,调动和激发学生的内在潜能。培养开发部分学有余力的学生参与学院发展和学校建设,培养一支综合能力强的学生干部队伍,加强学生主体责任意识,提升爱校荣校、求知报国的远大理想,敢为人先,行为世范。

建立完整的学科发展与学生工作互动,拓宽人才培养的广度,通过教师间协调与"家庭式"培养,形成横纵结合的信息交互模式,坚持协同联动,强化责任意识,全员协同参与,充分发挥教师的育人功能,促进学生培养与自我提升相结合,促进组织育人、文化育人、科研育人的全面融合。教育引导学生正确认识世界和中国发展大势,正确认识时代责任和历史使命,用中国梦激扬青春梦。

再小的光束也聚焦，并会照亮远方

——微小学院学生工作队伍建设案例

黎晓明

案例描述

　　Z学院6个月内完成了学生工作从无到有的飞跃：运动会检阅方队、70年校庆嘉年华、原创话剧排演、迎新季、奖评季等诸多大型关键工作环节。一个人的学办，几步路的遥远，安静挑灯的课题撰写，双学位思政课、学生工作队伍建设……然而，再努力，精力有限；再拼搏，经验尤浅。面对新鲜事物，一个人，不足以总揽，好的发展，需要团队作战，传承、借鉴、思考、创新，格物致知。面对突发状况，既要思考又要快速响应。好的思想政治工作是盐，但要均匀摄入，盐的供给更需要持续。提升工作效率，就像一只拳头，五指合抱，重拳出击，唯有团队，才能合力致胜。

　　一个人，三个年级，十几项横向工作，学生负责人的职责……且不说身体的负荷，那些被教育对象和家人的重托，岂可以一人肩负！思考之余，选择突破，经过领导同意，开始搜索、探寻，期待遇见志同道合的队友。

　　小S，男，工科专业研究生在读，由某教授介绍加入该团队，研二之前一直致力于科学研究，在考虑就业问题时决定转行就业（留校）；小Z，男，刚刚考取研究生，就业目标明确（毕业留校）；小Q，女，大四学生，已确定保送研究生，与学生工作渊源深厚，加入该团队实习；小W，女，大三学生，因选择团队负责人的思政双学位课而加入团队实践。以上四人，在学生阶段，分别担任辅导员、兼职辅导员、助理辅导员和学生工作助理四个不同岗位。

　　与此同时，已经建立起的学生工作队伍还包含班主任队伍以及Z学院自独立运行后创新性增设的科研班主任岗位，共同辅助并契合学科发展。学校自2013年开始运行的思政班主任队伍也形成了一股成熟的思政教育力量。学院打通年级界限，采取高年级班导生工作贯穿机制，打破迎新季短期工作印象化模式，开拓以班导生为辅助的长线思政合力开发，已成为学生工作队伍的有益补充。

案例分析

一、做学生工作要有学生工作队伍

拥有一支强有力的学生工作队伍是做好学生工作的前提和保障,用专业化的视角审视学生工作、处理学生工作问题,是大学生思想政治教育的目标和要求。在现有人员条件下,不断加强对兼职学生工作者的培养和锻炼,成为迫在眉睫的重要问题。学生工作队伍建设的难点之一就是如何提升学生工作质量,如何运用思政手段培养人、教育人,改造人的世界观、价值观,鼓励和带动更多有志青年不断攀登科学高峰,不断树立人生目标,不断萌生进步愿望。

二、队伍要带,事业要干,责任要担

鉴于思政队伍多样化、兼职化的特殊性,学院不断在加强学工队伍培训上下功夫,着力打造一支政治强、作风正、业务精、标准高的干部储备队伍。所谓干部储备,不仅仅是带队伍选人、用人的过程,更是在为学校和社会输送优秀人才。因此,队伍要带起来,用理论和经验教育感化这支队伍,教会队伍成员懂得干事创业的高度和拼搏进取的广度,让微小学院不再成为弱势群体,努力让自上而下的大格局引领学生工作发展,让学生工作真抓实效,让队伍整体有思考、有成长。

三、排兵布阵等于谋篇布局

一个专职学生工作者,"唱独角戏"难成格局,一支队伍的建立,尽管它全是兼职,也是一份巨大的力量,也能够形成团队作战模式。负责人要不断设计兼职人员的角色定位和工作分工,要不断平衡兼职人员在工作、学习中的精力分配,要不断总结工作问题,开展问题推导和工作计划的可行性分析。对上,要紧密衔接学生工作要点和学校要求;对下,要及时发现问题、解决需求,对学生更要熟悉了解他们的实际情况,一步走错满盘皆输,不能出现让思维限制想象,让举步维艰成为行走惯性的逆生长。

四、对于整支队伍都是兼职人员问题的思考

1. 学院微小,学生人数较少,受制于 1：200 的比例限制,但是工作一样不能少干,对上每样都得跟大院系对标、配平,这对微小学院的工作人员来说,干好干精完全凭经验,但目前学院的突出问题恰恰是新建学院、全新开始,没有对学院发展建设熟悉的人。

2.兼职队伍有利有弊。利在于,机动灵活,不占编制,不受限制,没有太高要求;弊是,系统的业务能力欠缺,对工作把握不够,不具备决策能力和条件,以及不能将精力完全用在学生工作上。

3.工作的传承存在不连续性。兼职时间短,不能承担相对系统的横向工作,不善于建设工作框架和提炼工作思想,短时间只能搭把手,学深、弄懂、悟透思想政治工作要义的可能性相对较小。

4.对学生工作负责人的挑战巨大。大量的工作设计和内涵拓展需要琢磨、尝试、推进;新环境需要适应、了解、快速熟悉;队伍要带,要一个动作一个方法地手把手教;工作过程要连贯,要多多听取兼职同志的心声,更要虚心请教兄弟学部学院经验做法和学生处的指导意见。不断尝试工作方法,推进工作实效。

案例启示

一、人的主观能动性发挥和积极性调动

团队作战讲求战略战术,好的队伍需要好的带队思路。全面结合时代发展和青年人的成长特点,首先要从队伍的实际成长需求出发,哪些需要职业过渡,哪些需要直接留任,哪些只是经历,哪些是完成学分的过程,其任职要求和工作效果要求应有所不同。要建立团队激励机制;要有明确的任务分工和汇报交流平台;要积极听取具体工作,及时纠正问题,指导实践;要发挥青年人敢闯敢拼的自然属性,突出个人优势;要利用一定吸引力和教育手段启发其家国情怀和责任担当;要适应时代节奏,发挥青年人的主观能动性,增长见识、提升境界。用马克思主义的世界观和方法论指导工作,用教育服务对象的具体喜好凝练工作创作,用柔性教育手段强化刚性管理制度,用渊博的知识积累提高政治站位,用大量案例事实判断工作实际。

二、对于客观问题的发现与应对

在具体开展学生工作的过程中,一支新人队伍往往会出现毫无头绪不知道干什么、工作来了不知道怎么干,甚至设计好了工作框架也无从着手推进的情况。除了基本的业务培训之外,有三点需要格外注意:1.激发新人的内在潜能,经常性采用抛砖引玉法,养成主动思考工作的惯性思维;2.全面带动策略,用半年至一年的时间,以周计划、月汇报、季总结的形式留存工作轨迹,形成工作积累;3.以"走出去""请进来"的培训模式,开阔青年人的工作视野,以防微杜渐的工作策略关注青年人的工作态度,用工作成果演示敦促改正个别失误,避免重大损失。

三、队伍建设策略

1.团队文化建设——聚灵魂

好的团队文化是一张名片,是"筑巢引凤"的口碑,再难的困境都可以用好的团队文化加以化解。团队文化是一个集体精神面貌的支撑,可以撑起整个集体的灵魂,可以助推团队不断发展。百川归海,人心所向,建立好的团队文化,在增加团队士气的同时,激发团队无限的凝聚力和向心力,所向披靡,百战不殆。

2.团队制度建设——立规矩

建立好的团队制度,是提高工作执行力的过程。提高执行力,就是要树立起强烈的责任意识和进取精神,坚决克服不思进取、得过且过的心态,把工作标准调整到最高,精神状态调整到最佳,自我要求调整到最严,认认真真、尽心尽力、不折不扣地履行自己的职责,决不消极应付、敷衍塞责、推卸责任,养成认真负责、追求卓越的良好习惯。在建立团队制度的过程中,好的监管和带动也成为制度建设的有力补充。

3.团队梯队建设——谋发展

团队中,人的培养和发展尤为重要。梯队建设是隐含在队伍建设中的隐性激励因素,尤其在高校事业单位中,没有好的梯队建设,等同于慢性消磨,对于青年人的职业发展产生的消极影响不容小觑。建立梯队关系,有利于整个团队工作动能的更新与补充,同时在和谐发展和人性化支持方面大有助益。

4.团队管理建设——设激励

好的团队管理是团队建设的核心和基础,鼓励团队成员之间的支持和对抗,注重管理过程带给成员之间的比较,有利于激励每名队员的职业贡献,体现个人价值。好的管理制度可在管理者和团队成员或团队之间取得平衡,好的激励机制可充分激发团队整体的学习风貌与职业期待。

5.团队发展建设——重宣传

内部建设需要好的外部支持。建设好的团队最需要的是打响名气,用一定高度烘托优秀团队,势必将建设成果广而告之。宣传,是增加工作成效的有效渠道,更是提升管理效果并使之事半功倍的通途。重视宣传,提升团队知名度,加强交流,突出队伍建设的宏观影响,是做好学生工作、带好队伍不可忽视的一环。

四、沟通机制的建立与完善

1.重视并提高沟通技能

带队伍的关键是沟通,手把手教授更是一种有效沟通。提升沟通技巧,加强沟通有效性,包括有效倾听及保持沟通的简洁、准确性都是提高工作效率的重要方式方法。教和学的双方均需要提升沟通能力,包括沟通平台的设计、沟通方式的选取以及沟通信息反馈等。

2.倡导沟通文化

沟通的有效性与团队文化直接相连。我们要正向看待沟通问题,善于沟通不是打小报告,也不是能说会道,而是一种推进工作的有效手段。提升沟通效率,开展问题自纠、分析研讨也是沟通的一种推进及存在方式。不同的沟通文化造就不同的团队发展。沟通文化的建立有助于公听并观、有利于反听内视,好的沟通文化能加倍促进团队凝聚力的不断提升。

3.调整组织机构

必要时对组织机构进行调整,有助于改善内部沟通。适当的工作交叉补位,轮值运行,在建立良好沟通机制的前提下提升人与人之间的融合,对各项工作的创新性拓展大有裨益。组织机构的调整与重组,是辅助团队提升工作效率的重要战略决策,是突出核心政治能力和执行能力的拓展性补充。一系列队伍建设手段,均以人为出发点,结合团队成员诉求,通过时间逐一考验。

无论学生工作队伍成员结构如何复杂多变、人数多少,做好大学生日常思想政治工作的初心都不会变。一群志同道合的年轻人在一起,面对的服务对象同样相对年轻,相信再艰苦的环境也都会随之被克服,就像黑暗中的灯塔,再小的光束聚焦起来,也会照亮远方。

时代之下，青春之上，摆正消费观

——大学生责任担当和价值观教育案例

徐迎华

案例描述

2021年暑期，一则《准大学生挥霍光30万留学金，家长欲哭无泪》的新闻成为网络热搜。17岁的西安高三毕业生小王原本即将踏上出国留学之旅，可在暑假里，他把30万元学费疯狂消费一空，消费项目包括酒吧、KTV、女仆桌游等。为验资，家长将留学费用存在孩子名下，转钱时发现所剩无几。家长王先生反映说，自己家住榆林，是普通的工薪阶层，孩子在西安一所中学上学，高考结束后准备出国留学。因为留学要验资，钱必须存在学生名下，5月份就给孩子办卡并存进了30万元，学校也已经确定好。高考结束后，孩子在西安住了一段时间。回到榆林后，王先生发现孩子穿的鞋不是普通款式，一问，说一双鞋子8000元。随后，王先生发现银行卡里的钱转不出来，再仔细一查，卡里的30万元学费已经所剩无几。王先生把孩子最近3个月的银行卡支出打印了出来，足有厚厚的一本册子，达四五十页之多。"女仆桌游"消费近17000元，最高一天就花了6000多元。

无独有偶，近年来，限量发售的球鞋受到年轻人追捧，不少大学生参与"炒鞋"。"男孩一面墙，堪比一套房。""10年前你错过炒房，5年前你错过炒比特币，现在你还要错过炒鞋吗？""原价1500的球鞋能炒到48000；炒鞋可以月入10万……"这类一夜暴富的传说，让部分年轻人对"炒鞋"心驰神往。事实上，其中杠杆资金带来的金融风险以及饥饿营销、虚假交易、制假售假等套路层出不穷，不论是"鞋圈"大佬还是新手，"翻车"的并不鲜见，甚至有部分"炒鞋客"走向违法犯罪。近日，江苏省苏州市虎丘区人民法院以诈骗罪判处收取他人137万元购鞋款后挥霍一空的"炒鞋客"小严有期徒刑十年六个月。

案例分析

2021年3月17日，银保监会、中央网信办、教育部、公安部、人民银行宣布，已联合印发《关于进一步规范大学生互联网消费贷款监督管理工作的通知》，禁止小贷公司对大学生放贷。我国在校大学生总数已超过了4000万，部分互联网小额贷款通过虚假、诱导性宣传发放互联网消费贷款,诱导大学生在互联网购物平台上过度超前消费,导致部分大学生陷入高额贷款陷阱,相关新闻屡见不鲜。在消费主义盛行的今天,"明星同款""精致生活""犒劳自己"都成为"买买买"的理由。每年的"双十一"都有很多大学生奋力"血拼"零点抢购。针对青年的消费理念花样繁多、层出不穷,大学生们理所当然地成为各种花式营销的"生力军",因此产生了超前消费一网贷还款一再消费一再借贷的恶性循环,这对于许多大学生来说并不是新鲜事,大学生网贷被骗屡屡成为社会新闻的热点。不理性的消费,对于大学生们来说,透支的不仅是月复一月的生活费、个人信用、父母的期待,更透支着青年人应该拥有的克制和理性的价值观。年轻人应树立正确的消费观和财富观,避免落入人为制造稀缺的消费主义陷阱。

从学生工作长期的实践和探索中,我们认为学生的责任担当教育应从宏观、中观、微观三个层次进行划分。从宏观上讲,是指社会责任,就是个人对祖国、对民族、对人类的繁荣和进步所承担的职责和使命;从中观上讲,是指对家庭、学校及他人所承担的职责和使命;从微观上讲,是指自我责任,就是对自我人生所承担的职责和使命,可用"自尊、自爱、自律、自强"这八个字来概括。我们应针对不同的内容对学生开展有针对性的人生责任教育和价值观教育。

当代大学生社会责任感和价值观的形成受到社会因素、教育因素、家庭因素、网络信息及自身因素等多种元素影响。在实际工作中,我们也发现目前大学生主流是健康的、积极向上的,但也有相当部分的大学生的责任感不同程度上具有实用性、利己性和矛盾性,主要表现在:在理想追求上,重个人理想,轻社会理想;在价值取向上,重个人本位,轻社会本位;在责任观念上,重视对自己和家庭的责任,忽视对他人、集体和社会的责任。

案例启示

大学阶段是一个学生价值观形成的重要时期,社会责任感需要适度灌输与正确引导。高校对大学生社会责任感培育的主要途径是思想政治教育和引导社会实践,一定要体现时代性和针对性,针对大学生的身心发展特点和思想实际,在宏观、中观、微观三个层面上应特别加强以下几方面内容:

一、严肃行为养成教育

要将学生社会责任感的培养与学生守则、日常行为规范教育紧密结合起来,明确规则。坚持从小事、从平时抓起。校、院、系、班要齐抓共管,着力营造从学习到生活、从教育到教学、从管理到服务的全方位的责任教育及责任追究、赏罚的氛围和机制。把"责、权、利"有机地统一起来。责任追究、赏罚这种外在的行为强化,可以更好地促进人的责任行为习惯的养成。

二、重视良心观教育

良心是人们根据一定的道德原则和道德标准,在理解和体验现实的道德现象时所产生的道德情感。作为一种道德责任感,它反映的是个人对他人、个人对社会整体的义务关系的自我意识,以及对社会和他人尽义务的道德情感。良心一旦形成,具有很强的稳定性,是道德主体内部的绝对自我确认,是道德自律的最高形式。我们应当注重培养大学生这方面的情感。首先,要让大学生认识到,任何人的成长都离不开他人与社会的关爱。其次,要教育他们在任何时候都应该怀有一颗感恩的心,感谢父母的养育之恩、祖国的培育之情,并把这种情感不断升华,让大学生在实践中感受父母和社会对他的关心,并把自己对父母、对社会的感恩之情不断外化为实际行动。

三、加强社会实践工作

德育中的知行统一原则要求把学习马克思主义理论和参加社会实践结合起来,把理性认识与感性认识、思想和行动统一起来。社会实践工作是大学生思想政治教育的重要环节,对于促进大学生了解社会、了解国情,增长才干、锻炼毅力、增强社会责任感具有不可替代的重要作用。我们应不断提高实践活动的针对性、实效性,通过充实内容、创新载体,提升大学生德育的品位与质量层次。

四、提升校园文化层次

校园精神文化是一所学校的个性和风貌的集中反映,是校园文化的核心,包括校风、学风、教风及校园文化活动等。校园制度文化包括学校的各种规章制度、道德行为规范等。校园制度文化是校园物质文化和精神文化的保证,对人们的行为具有规范和约束作用,能够促进学生养成良好的行为习惯和道德作风。我们将继续高度重视校园文化建设,从思想、人力、财力上给予倾斜,增加对校园文化建设的投入,提升校园文化的品位。

五、坚持爱国主义教育

坚持继承和弘扬中华民族优良道德传统以及中国革命道德传统,深入弘扬和培育民族精神,并把民族精神教育与以改革创新为核心的时代精神教育结合起来。培育大学生的社会责任感,首先应大力加强对他们的爱国主义教育,只有热爱祖国、关心祖国前途和命运的人,才会有强烈的社会责任感。爱国主义教育可以从几个方面进行:首先,加强国情与形势政策教育。其次,还应引导学生学习中华民族光辉灿烂的文明史,引导学生了解和熟悉中国近代史、现代史,了解中国的国情。还应从国际政治格局的变化、世界经济全球化以及现代高科技的发展与大学生的使命和责任等方面来加强形势任务教育。另外,可充分利用信息时代方便迅捷的网络资源,引导学生了解国内外大事,关注国家以及全世界面临的社会问题,关心人类的前途和命运,培养他们的忧患意识。最后,还应以大型事件为契机,营造爱国主义教育环境。环境对人的影响是无形的、潜移默化的,良好的环境能使人受到积极的陶冶与感化。抓住振奋人心的事件营造爱国主义教育环境,培养大学生的民族精神与社会责任感,将会取得很好的效果。

实务指导篇

这是一个勇往直前、昂扬奋斗的伟大时代,也是一个飞速发展、锐意进取的智慧时代。做好当前和今后的思政工作,要全面准确把握面临的新形势、新任务、新要求。

随着社会环境的变化和社会竞争的加剧,高校学生面临的学习压力、就业压力、生活压力加大,心理问题也呈现增长趋势。如何把握潮流动态,捕捉学生心理变化,及时开展心理疏导,解决学生心理问题,是深入心理育人的最大难题。同时,在这个大数据交汇的"互联网+"时空中,对于大学生来说,网络堪比生命,它深度塑造了当代大学生的生活、工作、学习及思考方式,也为思想政治教育工作带来了前所未有的跨越性挑战。如何做好网络触角的有效延伸,如何贯通网络育人"最后一公里",如何透过现象看本质,将育人工作网络化,同样成为思政教育的重中之重。

如何精准识变、科学应变、主动求变,在危机中育先机,于变局中开新局,是新时代开展思政工作的题中之义。

本篇收录基层思政工作实务案例,总结基层思政工作开展经验,着力破解新时代新背景下大学生思政教育难题,为解决和处理同类问题提供借鉴与思路。

小邵的求职之路

——大学生就业指导案例

黎晓明

案例描述

小邵,男,法学专业2004级学生,连续两年担任班级班长,大三下学期加入中国共产党。在大三时面临考研、考证、就业等人生发展抉择。该生学习成绩中等,但学生干部经验丰富,经与辅导员分析职业发展环境后,一心选择留校,但其硬件条件不符合当时留校要求,该生立足实际后百折不挠,努力争取。在存在多重矛盾的情况下,辅导员与小邵进行了多次职业发展目标的讨论,并通过对其职业前途的规划,助其确定就业方向。

小邵同学在毕业之前进入企业(大连金广建设集团第五分公司)工作,随后由于环境受限而辞职,待业两个月左右继续应聘我校机关部门。功夫不负苦心人,于2008年底正式入校工作至今,并已提任科长,职业目标最终实现。

一、毕业后的一个电话

2008年底的初冬,辅导员黎老师从电话中听到了一个久违的声音。

"黎导,我通过多方面了解到,学校机关又要招人了,您看我是不是应该再试一次?"

黎老师睁大了眼睛:"是吗?你的消息可靠吗?能回来当然太好了呀,你的专业适合从事学校工作,不用问了,试试吧。"

欣喜若狂的小邵紧接着约了黎老师见面,开始了关键的面试咨询。

二、找准自己的优缺点

"你对自己的优缺点一定要有充分分析,结合个人经历和能力,突出对此份工作的重视。在看问题的方法上,要找准定位。学校有学校的用人规则,你不光要有能力有责任心,更加要抓住用人需求这个关键词,赢在面试上。"黎老师再三叮嘱小邵。

"黎导您放心吧,以前我曾好高骛远,也吃了不少亏,但走出校园也有一段时间了,更学到了一些社会关系方面的常识,以前做学生我满不在乎,现在懂了很多,我要好好把握每次机会,积极阳光地去迎接每一个属于我的挑战。"

三、大学,辅导员的循循善诱

送走了小邵,黎老师再次想起了刚刚迎来 2004 级学生时,小邵那傻傻的憨厚的样子。后来,他连续两年做班长工作,大三时加入了党组织,同时,还在校广播台担任学生干部,但就是学习成绩不高。他自大四初就跟辅导员提出想留校的想法,黎老师也在辅导员评聘的过程中给予了他专门的指导,帮助其了解了大量可贵的就业信息和面试常识技巧等,帮助其了解留校工作的难度和其本身的差距问题等。

2007 年 9 月,他因成绩不够,没能入选流专辅导员面试;2007 年 11 月,又因个人表现不够突出,被拒于第一批专职辅导员面试之外;终于,2008 年 3 月,小邵在参与第二批专职辅导员报名的时候,被选入参加面试。

"黎导,学生工作的内涵是什么?"小邵在面试之前这样问道。

"是要达到一定奉献的境界,要用责任和爱心去诠释教育人生,要主动研究矛盾、提升水平,指导教育对象学会如何做人、处事和加强学习。"

"黎导,我不是很懂,那么辅导员的真正意义是什么呢?"

"他是学生思想的引航员,是学生成长的心灵导师,是大学生思想政治教育教师。他的工作模式是默默无闻、潜移默化,他的存在维系着一个学校的兴衰,他的活力和激情萦绕整个校园,他的精神指导影响一代又一代青年人。"听着黎老师慷慨激昂的激情话语,小邵带着生涩的表情用力点着头。

四、心态决定一切

带着对学校工作的热情和执着的追求,小邵进入了面试的现场。黎老师在办公室里来回踱步,牵挂着小邵是否能好好把握面试这个过程。忽然,黎老师的手机响起了,是小邵。

"黎导,面试完了,我尽全力了,我知道自己不是最优秀的,但是我没给您丢人,我面试时的叙述和回答都是我的心里话",从电话中很明显能感觉到他轻松了,是那种为这次面试付出大量精力准备终于结束后的轻松。

面试结果出来了,小邵还是没能如愿进入学校工作,黎老师再次找到小邵,询问了他的想法并观察了他的状态,小邵还是那张憨态可掬的笑脸,还有那份勇往直前的振奋。

五、善于分析社会形势,把握大环境就等于把握了命运

2008 年的一天,小邵在翻阅网页时,忽然,理工大学离退休处的一则用人信息映入眼帘……详细阅读后,小邵关上网页,他觉得时机到了。

小邵将学校信息收集好后,开始为面试做准备。他结合之前黎老师跟他说的所有关于学校的情况,又深入学习了面试技巧的理论常识并集中在工作经验方面做出准备,信心十足地再次拨通黎老师的电话并且去参加了面试。

2008年12月的一天,小邵正式被大连理工大学离退休处录用,他终于圆了这个梦想。得知自己成功的消息后,小邵第一时间就是要告诉黎老师这个消息,于是他再次拿起电话……

案例分析

培养学生的职业素质,需要辅导员帮助学生根据自身实际确定职业素质培养计划,制定总体目标、阶段性目标等。本案例主要体现如下两点:1.小邵的求职过程中,辅导员的引导起到了举足轻重的作用,在高校学生就业指导和职业规划及面试技巧指导过程中,辅导员结合所带学生的职业目标和基本条件,精准把握对每名学生的求职指导。2.小邵的成功与学校、学院的培养密不可分,也与辅导员的精心栽培和机会创造大有关联,高校辅导员应始终提升职业能力水平,精准把握学生特点,了解就业信息政策,积极为学生营造优质的就业环境。

本案例中,辅导员对学生职业素质的培养和就业能力的指导为学生提供了良好的职业发展可能。针对刚进入大学的新生,面对新的环境、新的生活和新的学习方式变化,营造就业氛围,制订职业目标,激发职业理想,对自主性差、实践性弱、目标不清的现实问题,采取反复勾勒的策略,逐渐创建就业认知,摆正就业方向。辅导员应当重视对学生在整个大学阶段的人生观、职业价值观、国情教育、职业认识等方面的培养,并指导学生制定切合自身实际的目标。大学二、三年级是大学生进行专业学习和接受思想教育的重要阶段,这个阶段,辅导员应侧重对学生的学业指导和心理健康辅导,引导学生在加强专业学习的同时,培养职业素质。大四则重点开展择业指导、升学指导和创业指导,引导毕业生转变角色,适应社会。

案例启示

一、高校就业指导工作应充分利用大学生职业规划过程搭建学校教育向社会转化的桥梁

大学生职业规划与就业指导是一项长期的咨询服务类工作,需贯穿大学生学习生活的全过程。在学生入学时,辅导员以及就业指导老师应向学生明确大学的目标任务,并指导学生全力配合完成。辅导员还须实际帮助解决学生在就业过程中遇到的问题,社会及用人单位所需要的人才的基本素质、知识结构和能力特点等,以便学生在四年大学成长中逐步精准积累相关的知识和能力,有计划、有步骤地设计好自己的学习计划和发展目标,在就业过程中迈出人生职业生涯关键的第一步,实现从学校到社会的无缝对接。

二、教育指导学生了解和认识社会大环境,把握市场动态需求,多方积累知识储备能力

在职业规划过程中,辅导员老师应注意对学生提高人际沟通能力方面的训练,让低年

级和高年级同学广泛交流，了解就业信息和行业动态。同时，辅导员老师应敦促学生学好英语和计算机，力争获得各类"硬件"，如考取职业资格证书、选修双学位等，为留学、读研、就业做好资料收集及知识储备。

三、帮助学生积极调整心态

社会对人才的需求已从专业技术型转变为素质能力型。用人单位对毕业生不仅有专业技能上的要求，更重要的是对综合素质的要求，特别是对心理素质的要求。一个人心理素质的好坏决定着其综合素质水平的高低，好的工作态度需要良好、稳定的情绪做支撑，优秀的团队精神需要宽容的心态稳固基础。注重培养良好的心理素质是提高大学生综合素质的前提，也是职业规划更加系统化、专业化的标志。

本案例阐释了辅导员对法律系学生小邵进行的职业生涯指导和分析，教育他透过现象看本质，在了解目前文科学生择业现实情况的基础上，明确择业的关键点以及自身存在的不足，有针对性地选择目标，使其很好地实现了目标与现实的结合，最大限度地获益。通过案例分析，学生可以进一步明确大学生职业发展指导的重大意义。辅导员要注意引导学生对现有资源进行合理配置，充分发挥学生自身的潜能，做好大学生职业发展指导工作是学生思想政治工作的重中之重。

新生初选学生工作陷迷茫，
老师学长答疑解惑齐带路

——大学生社会工作成长体验工作案例

孙太旭

案例描述

小 A 是一名高中党员，以压线的成绩考入我校机械工程专业。和其他普通大学生一样，来到新鲜的大学环境中，他的眼里满是对未知的紧张和对未来的期待。两周的学院方队军训逐渐给小 A 树立了自信，为校争光、为学院争光的意识逐渐显现，他也想活出大学生活的不平凡。军训后的班委选举中，小 A 利用自己高中当班长的经验以及对学生工作中服务意识和奉献精神的理解，赢得了全班同学的认可，当选了团支部书记。他又以预备党员身份，担任了党支部学生临时负责人；还凭着自己的一腔热忱，担任了团委学生会和某协会的部门干事，开启了忙碌的大学生活。

任职不久，学校、学院的各种会议、培训、工作任务接踵而来，曾憧憬的大学时光似乎与现实不尽相同，课业之余不是在书声琅琅的图书馆汲取知识精华，也不是在网游激战中陶醉放松，而是独自在屏幕前奋笔疾书整理材料，被各种学生工作填满课间空隙。由于大一不允许携带电脑，所有的文字工作只能在机房完成。看着每天断崖式下跌的免费机时，想一想同学们可以自由安排的课间时光，他不仅感慨大学生活的选择，心里便不平衡起来，一时想不出未来大学生活的方向。小 A 感到自己就像一台工厂的机械设备，被编排好的自动化程序充斥着每天的时光，日复一日，失去了大量原本可自由支配的时间。内向的小 A 也找不到可以倾诉的对象，而短时期内各种工作都不能以结果来安慰平日的付出。心理预期的落差和从未感受过的巨大压力同时涌来，使小 A 出现了很强的厌烦情绪。

迷茫、困惑、内心疲惫的小 A 经过久久思索，终于鼓起勇气敲开了辅导员寝室的门，倒了一肚子的苦水。辅导员听后，表示很欣慰能够尽早与学生探讨未来发展问题，笑着说："大学生活的路是自己走出来的，有人选择轻松度过、与世无争，大学生活会平淡无奇、谈资贫乏；有些人选择充实自己，努力在各类工作、活动、比赛中崭露头角，虽然牺牲了部分课余时间，但换来的收益却是当初不可想象的。成功需要机遇，需要不断地创造、不停地争取、不懈地努力。一年级的学生工作都是奠基铺路，体验过才有选择的主动权；高年级学生工作,结合基层工作经验,可以更好地规划与提高工作合理性,在提高效率的同时,能够更有针对性地提升自己。"接着,辅导员结合自己的大学生活,讲述了自己当初的心路历程,从挣扎到迷茫再到坚定的选择,通过担任学生会职务锻炼工作能力,参加科技比赛锻炼科研能力。在这些来之不易的机会中,他始终坚信多劳多得是人生充实提高的基本定理,让自己变得优秀,再让优秀成为习惯,从一个普普通通的大一小毛孩,到一个手握多篇论文及多个录取通知的优秀毕业生,再到一个以身作则的本科生辅导员,是当初的选择和执着成就了今天的自己。

小 A 如梦方醒,意识到自己努力的工作态度都被辅导员看在眼里,并且工作经验与成绩都是提高自身综合素质极好的平台与媒介,心中的烦恼顿时释然了许多。但平日较长的工作时间、较大的精神压力同样是无法安心工作的一个心结。辅导员建议,先在繁多的学生工作中快速地找到高效的工作方法。每一项工作都是有时限要求的,判断岗位需求与目标、寻找合理的工作方法、熟练地应用及延伸,是学生工作的精髓所在。如果实在不能接受现有的工作强度,可适当学会放手,将有限的精力投入到力所能及的、真正爱好的、舍得花时间钻研的工作中。担任意味着责任,既然做出了选择,就应该时刻思索用多变的角度弥补工作的广度,以积极的态度突破工作的深度,以强烈的责任心和事业心做好每一项力所能及的工作,不断突破自己的上限。

回到寝室,小 A 对刚才的对话进行了认真思考,但受限于经历与视野,他还是不能完全领会辅导员话的深意。他决定先按照建议,将时间全身心投入到一项工作中。小 A 通过多次咨询辅导员以及学生会的学长学姐,逐渐明晰了各岗位的工作重点。他又针对自己专注稳重的做事态度与强烈的责任心和集体荣誉感等性格特点,在慎重考虑之后,决定将大部分精力投入团支部书记工作中,以学生会和协会的工作为辅,有针对性地安排自己的时间,开始按部就班地推进忙碌却充实的大一生活。

一年的团支书工作教会了小 A 很多,当众发言、组织会议、准备内容、策划活动、应对突发事件……这些经历都成了他不断挑战自己、提升自己的"砖瓦"。工作时遇到的种种难题,也变成了积极尝试、总结经验、探索高效工作的砝码。在树立群众威信的同时,他也结识了更多优秀的同龄追梦人。在学期末的团建工作验收答辩会上,小 A 感慨地回顾着一年的工作成绩,眼神里充满了自信与坚定,完全没有了开学初的那种迷茫与困惑。

在一次和辅导员的闲聊中,小 A 表示,如果没有开学的那次长谈,自己也许会在繁忙的学生工作中迷失,找不到工作的动力和方向,也感受不到工作的乐趣,也就不能快速地提升自己、成就自己。通过专注地工作,以诚心、耐心与进取心做好一份工作,他不仅能赢得认可,也让自己对学生工作的本质有了更深的认识,明确了工作的初心与使命。

小 A 大一出色的工作成绩也得到了辅导员的认可,二年级预备党员转正后他就担任了所属学生党支部副书记,直到毕业。团支书工作经验对党务工作起到了莫大帮助,在创新立项、会议安排、支部活动、党团联合等工作中发挥着自己的热量。努力终有回报,在学院"两优一先"评选中,他获得了"优秀学生党支部书记"称号,所在支部也获评"优秀学生党支部"。

漫漫学工路,目标心头驻,唯初心使命不负。蓦然回首,感恩选择之初,师生相顾。

案 例 分 析

很多大学新生入学时，通过学长介绍、社团宣讲、辅导员号召等途径，加入了很多学生组织，兼任了许多学生工作。而辅导员为培养学生的综合能力，提升工作质量，也会交代很多工作任务，导致学生在任职初期，社会工作任务量巨大。此时学生不免陷入困惑，"我为什么干""我为谁而干"。一旦学生不能清晰认识学生工作目的及个人收获，就会出现厌烦、逃避等问题，不仅影响工作状态、效果，严重的负面情绪也会影响其正常大学生活。因此，入学时的学生工作选择，是大学生活的第一道路口，选择好正确的方向、少走弯路，不仅是学生需要主动思考的问题，也是辅导员对新生的启蒙教育。

新生初入大学校门，眼中更多看到的是大学生活中丰富多彩的一面，听到的是优秀学生的励志故事。每个人都有追求美好生活、享受身兼荣誉的向往。为达成目标，他们往往在开学初选择加入多个学生组织，寻找更多机会。但每一项学生工作根据任务性质会有不等的工作量，一旦工作过于集中，会对学生造成巨大的执行压力与心理压力。大多数组织会在二年级初依据之前学生的一贯表现、绩效等进行人员调整，若学生想在某一组织继续发展，其一年级阶段就要额外付出。实际情况是，一部分学生在入学初期加入学生组织后，面对眼花缭乱的新鲜任务，迷失努力方向，想将所有工作一视同仁地高质量完成，却又受限于工作效率和工作能力，无法合理安排自己的时间，导致虽然一直在努力但却一无所获，或因学习成绩投入时间不足而影响成绩。工作的无助感更会导致学生逃避、放弃，于人于己都是不小的损失。面对多种机会，找不准努力的方向与技巧，想全盘按照过来人的经验照单全收，结果必定是事倍功半。

辅导员都经历过纷繁复杂的学生工作，是具有丰富基层经验和管理经验的工作能手，对学生组织的运行和管理各有独特的见解。对于学生来说，初期诸多岗位如何挑选，则是更为重要的问题。作为"领航员"，辅导员一方面要向学生说明学生工作的细节、特色、优势，另一方面要针对重点培养对象进行深入交流，推荐适合学生自身条件、对成长有极大帮助的工作岗位。本案例中，学生小A得到辅导员的建议，重新审视了自身特点与工作初心，对已承担的学生工作进行了重新定位，明确了后续任职的目标和工作重点，将团支书工作放在首位，在有余力时兼顾其他。之后看来，小A在开学初选择担任团支书是一个正确的选择，这段工作经历对小A的能力提升起到了关键性的作用，也为其二年级后投身党建工作做了铺垫。如果没有当初的岗位权衡，多岗位不分主次并行铺开，也许不会有后续个人能力和工作成效的圆满呈现。

人在面对选择时，徘徊、迷茫实属正常。如有人指点迷津，可快速找到奋斗的目标。目标比努力更重要，在每个阶段的十字路口，理清来时路，找准新方向，加以努力并长期坚持，真正为了兴趣和事业而努力，才会闯出一片新天地。人生处处有弯路，且大部分时间都面临着未来的不确定性。没找对方向并不可怕，通过不断尝试，终会慢慢找到自己想走的路。虽然在选择的进程中会有短暂的迷茫，但一次次试探，终究会找到人生轨迹中稳步前行的基石。

案例启示

学生工作虽对个人能力的提升有极大的帮助,但其牵扯的时间和精力不容忽视。新生在选择时可能陷入困惑,多走弯路,甚至选择了不适合自己的工作岗位。学生工作者要发挥职业功能,帮助学生清晰目标、摆正成长方向,使学生认识到大学是实现武装自己的最佳时期,既对成长负责,也对任职岗位履责。

1. 新生入学后,面对眼见和听闻的多彩大学生活,不免会对自己的世界进行规划与想象,想要在多个学生组织和社团中锻炼自己无可厚非。限于精力和时间,学生必须对自己定位准确。通过对自己性格的评估以及能力、爱好等客观条件的分析,学生可以列出可胜任或在接受一定技能培训后可胜任的工作,从中选择可争取的、愿意为之努力的工作。性格评估可一定程度上参考霍兰德职业兴趣理论,但实际情况是往往没有完全匹配的学生工作内容,此时学生应调整心态、努力适应,在条件允许的情况下,多尝试自己从未体验过或者畏于尝试的工作内容,以达到眼界的开阔和自身能力的快速增长。

2. 辅导员要对学生可能担任的学生工作有初步的了解,包括工作范围、所需能力、工作要素等基本信息。在鼓励学生参加学生工作并进行面试筛选的同时,要对人职匹配程度初步评估。学生上岗后要进行思想动态与工作能力的定期跟踪调查,及时发现学生心理问题,对不稳定因素做到及时可控、适时调整处理。同时在学部(院)某些学生组织中培养部长级"工作导师",定期跟踪部门工作,知情与指导双管齐下,在招新活动时谨慎安排。

3. 学生组织或社团招新负责人,应充分思考岗位需求、工作任务与所需干事的能力特点。在面试及岗位分配时综合评估,兼顾其工作稳定性,避免出现半路辞职的情况,影响新学年部门工作进度。岗位招聘干事时,应考虑到人员冗余及人员不足的风险,增加部门干事招聘数量,在工作开展过程中,动态调整任务分配,有的放矢酝酿岗位接班人。

初入校门的学生本身可能更加关注工作本身能给自己带来的提升,在获得岗位认同后,才会发扬出爱岗敬业的奉献精神,从心底里把任职的工作当成生活的一部分。辅导员、部门负责人,要充分利用这种心理现象,明确知人善用的目标与方法,促进不同特点的学生找到适合自己、适合部门的岗位,最大限度上发挥自身主观能动性,让大学生活更加丰富。

青春路上伴成长，贫穷面前当自强

——一名云贵山区贫困学子的自强之路

范苏月

案例描述

小吴，来自云贵的一个小山村，侗族，曾经一贫如洗的他自闭、内向、不善言谈，入校后找兼职的过程也让他屡屡碰壁，而现在他已经成为一名优秀的企业部门主管。大学四年，是辅导员一次次的约谈，一天天的陪伴，慢慢让这个青春路上迷茫和无助的青年变得开朗、乐观、自信，找到了人生的目标，重新开启了人生的航线。

一、山里的孩子，走出大山

从小他就是在贵州的山区长大，在那里接受教育。那里没有什么资源，一直以来都发展不起来，交通也不方便，所以大家经常说的话就是走出大山，让年轻的一辈出来见见世面，看看外面发展的城市、突飞的科技，以及那些他们从未见过的事与物。因此，走出来上大学的他们就是他们那里的骄傲，上大学几乎成了他们那里最自豪的出路。

他家里原有五口人，但仅仅只有一亩地，以前家里经常出现的事情就是吃不饱饭，田地不够人口多，是一个很难解决的问题。他的两个姐姐和他上学之后，家里的负担就更重，有时候家里没有能力给他们三个人一起交学费，只能拖欠学校，之后有钱了再补交。家里的贫穷让他和姐姐都更早地学会了独立，但也苦了他的两个姐姐。大姐初中只读了半年，就去打工了，那时候家里实在没钱给他们三个人同时交学费。那一年，大姐14岁，也还是一个什么也不懂的小孩。二姐好一点，但也只读到了初三，拿了一个毕业证，后来也和父母一起出去打工了，最后只留下他一个人独自在家里当留守儿童，一个人生活了10年左右。

虽然一个人在家，但他对自己的要求很严格。从小学到大学以前，他都是班里的班干，老师们都非常信任他，很多事情都放心地交给他去做，他每一次也都不会让老师失望，认认真真地为老师办好事。他曾先后获得过镇级三好学生、十佳少先队员，县级共青团员、三好学生、优秀学生干部，以及其他各类奖项。

二、走出大山,不再自信

在大学里,他也有自己的目标和生活方式。他希望通过贷款和自己的双手去读完大学,不依靠家里,通过自己的努力去养活自己、充实自己。

可是,事情并不那么如人所愿。刚刚进入大学校园的那两个月,家里每个月只给他600元的生活费,在大连的物价下,他根本就做不了什么,600元仅仅够吃饭,更别说参加什么班里的聚会、聚餐。每一次看着同学们走后的身影,他的心里就只剩下孤独和自卑,甚至有时候是无助,不是他不合群,而是他实在无能为力,内心充满了孤独感。很多家庭贫困的同学都去当了家教,可他屡次面试都没有成功。

此后,他开始不那么自信,变得孤僻和自卑。由于是留守儿童,他有10年没和父母生活在一起,曾经的独立让他自信,而如今的独立让他感到孤独,在这个陌生的城市,他不知如何诉说自己的痛苦。看到班级同学侃侃而谈,站在台前竞选班委,他不敢;看到同学们每天热火朝天地参加社会工作及社会活动,他没有机会;看到寝室同学谈天说地,他也觉得插不进嘴。曾经那个获得过镇级三好学生、十佳少先队员、县级共青团员、三好学生、优秀学生干部的他,一下子感到失去了所有的自信和光环,只觉得孤独和无助,不知道如何融入这个陌生的城市和偌大的校园。

三、青春路上,伴你成长

这时,辅导员在慢慢地观察后,逐渐走进了他的生活。辅导员先找他聊天,了解了他的情况后,告诉他,贫困并不是问题,问题是一个人不能失掉了解决问题、战胜贫困的勇气。但一步步地走来,他开始迷失方向,不知道自己到底该干什么,看见别人忙碌于学生活动,他也想参加,看见有些学霸努力学习,他也不甘心,慢慢就变得什么也不想做了。后来,辅导员和他讲,一个人首先要有目标,还要对自己有最深刻的认识。他经过谨慎的思考后,觉得尽快毕业,找到一份工作,帮助家里分担经济压力,才是他的首要任务。于是辅导员向他介绍了学校的一些勤工助学的岗位,还给他介绍了很多做兼职的渠道。慢慢地,他开始在校园内勤工俭学,做食堂保洁员,从那以后他再也不向家里要钱,因为自己可以养活自己了。在后来的日子里,他先后做过发传单的兼职促销员、餐厅服务员、保洁员、卖纪念品的售货员。各种各样的经历让他慢慢成长,也慢慢坚强。

时间过得飞快,转眼一年过去了。一年间,辅导员几乎在所有的关键时间节点都会找他谈话:天冷了告诉他加衣服;快考试了,告诉他抓紧复习,要买过年回家的车票。辅导员还帮他申请补助。同时辅导员还和他寝室的同学联系,在各个方面关心这个来自贵州山区的小伙子。他也在成长中慢慢学会了感恩,还悄悄地拿出自己打工赚的钱,捐给了他家乡的一个极为贫困的小学生。

本来一切就这样安静地过着,可有一天,辅导员接到了他有些不安的电话,说他没有申请到助学贷款。电话里讲不清,辅导员让他来到了自己的办公室,以便问清楚原因。原来他因为舍不得路费,暑假没有回家,一直留在大连打工,结果错过了暑假去银行办理贷款的续贷，没办法，大二的学费一下子就没了着落。他焦急地问老师，学校会不会把他开除，他最晚什么时候把学费补上来得及。他很担心学校会因为他交不起学费把他撵回家，让他多年的付出毁于一旦。辅导员听了他的话，微微笑了笑，告诉他不用担心，学校是不会让任何一个孩子因为学费的原因而辍学的。同时告诉他，有老师在，钱是最不是问题的问题，有困难一定要找老师帮忙。辅导员还帮他垫上了大二的学费。他再一次被感动了。他觉得不能再迷茫和不自信，也没有资格迷茫和不自信，他要慢慢努力，慢慢成长，改变自己的命运。几个月后，他用自己兼职打工的钱凑齐了学费，还给了辅导员，他一点点感觉到自己的力量更强大了。

四、梦想高飞，成就励志榜样

过了一年，学院开展励志榜样的评选。辅导员再一次把他叫到了办公室，问他想不想参加，他思考了一会儿后，说想参加，于是辅导员就把这次参评的机会给了他，还向他嘱咐了其中的一些注意事项。可突然，评选的前三天，他来办公室找辅导员，说想放弃，他说还是不敢站在讲台上，而且不知道展示什么，也没有什么可展示的，他感觉自己在社会工作、获得奖项上都是空白的，到台上会被人笑话。辅导员听后，语重心长地对他说，参加这样的一次评选，并不是为了证明自己的优秀，而是要让更多的像他一样从大山里走出的孩子看到希望，不需要他有多优秀，而是希望他用自己的故事让更多的同学走出迷茫，这是他的义务，也是他的责任。

听了辅导员的话，他好像突然明白了什么。谈话后，他给辅导员发了个短信，说他会战胜自己，静下心来好好准备，让老师放心。三天后，他站在了励志榜样的评选台上，尽管他还是有些羞涩，有些紧张，但是他还是说出了想说的话。他在台上感言：一路走来，他不知道自己遇到了多少事情、遇到了多少人、受到了什么待遇，他也曾在没人的地方心里感到难受，但是他不觉得自己这样很累、很辛苦，他只是感到内心的满足，感谢那些他曾遇到的人。他还说，上了大学，改变了他的命运，他是村里的骄傲，也是父母的骄傲。如今，他已经长大了，已不再是那个小屁孩。他懂得了怎样为自己的家庭着想，不会再为父母姐姐增加额外的负担，自己尽力独立，慢慢地学会成为一个真正的顶天立地的人。

评选结束后，他给辅导员发了一条很长的短信。他说，他不会因为家境贫困而放弃自己的梦想，相反他会用自己的毅力去不断追寻属于自己的人生道路，用自己自强不息的精神去感染身边每一个同学。他说，未来的道路还很长，今后他会把全部的热情投入到每一天的生活中，让大学四年的生活过得精彩而有意义，用自己的才能去为这个社会、这个国家贡献出自己的一分力量。

这个从大山里走出的男孩，最终战胜了自己，走出了迷茫，他也将用自己的努力，去诠释人生道路的意义。

🪧 **案例分析**

每一个学生，在进入大学之前的人生都不尽相同，而有些同学来自农村，甚至有些同学家庭贫困,其中更不乏有很多特殊困难的同学,曾经的他们没有接触过电脑,没有见过大都市的繁华,也没有完全褪去内心的青涩。他们从全国四面八方汇集到了大学校园,面对全新的生活、陌生的环境、陌生的同学、陌生的老师、纷繁复杂的活动,必然会出现一段时间的迷茫。原本的他们自信、开朗,原本的他们曾是一个家庭、一所学校乃至一个镇子的骄傲,可这繁华的城市和偌大的学校,却让他们无所适从,让他们性格封闭、内向,且不愿意把自己的心灵打开。在这种情况下,爱、陪伴和鼓励是最好的渠道,也是一名辅导员最关键和最基本的素质。本案例为辅导员了解、帮助贫困学生,开展帮扶工作,做出了良好的表率,也开辟了新的方向。

案例启示

1.贫困是一所人生的大学,尽管无法选择家庭、出身,但是奋斗的光辉注定会照亮前行之路,坚毅的信念和无悔的付出总会助力梦想的高飞。

2.辅导员要善于从学生的行为细节和情绪变化中观察学生,与学生的交流沟通需要持续且有规律,并通过与学生的深入沟通,使学生在成长的道路上不再迷茫。

3.很多贫困家庭的孩子,多内向、自卑,但性格和骨子里却有自强的精神,因此辅导员要因人而异、因材施教,用心去对待自己的学生,用心去与学生进行深入的交流,才能真正地走进学生、了解学生。

接纳自己，拥抱青春

——家庭经济困难学生入学适应案例

张家琪

案例描述

小妍，女，2019级学生。父亲在其幼年时因病去世，母亲也因身体原因无法抚养孩子，小妍从小和姥姥一起生活，家庭经济收入微薄。因为家庭原因，小妍从小就很要强，凡事都要做到最好，同时也因家庭经济困难而深感自卑，较为敏感。她自尊心很强，不愿意被同学们看不起，不愿意申请助学金，更希望通过学习获得奖学金来满足生活所需。她对生活没有太多的期望，对未来较为悲观。

辅导员在暑假即了解到该生的家庭情况，大一刚入学时，辅导员计划进行一次面对面的谈心。为了拉近距离，辅导员将第一次谈话的地点定在了自己的寝室，并准备了一些小零食，化解学生紧张情绪。学生敲门进来后，坐在椅子上，有些紧张，两手相握，身体还是处于紧绷状态。辅导员先开始打开话题。

辅：小妍，刚来大学还适应吗？来了这边和姥姥联系过吗？

学：还好……嗯，我每天都给姥姥打电话。

辅：还习惯北方的饮食和气候吗？

学：还好……家里和大连气候都挺潮湿的，食堂的饭菜也挺好吃的，就是人好多，都需要排队。

辅导员就学校周围环境和学生展开讨论，并介绍了学校食堂、图书馆、体育馆等，消除学生的紧张感与陌生感。辅导员借美食的话题关心学生小妍的生活费是否可以支撑日常饮食起居，以及学费是否困难，并详细介绍了学校的资助政策。

学：老师，咱们学校的"经济困难"是怎么认定的？会让同学们都知道我的家庭情况吗？如果这样的话，我想放弃申请。

辅：我先回答你的第一个问题，咱们新生的家庭经济困难认定主要是结合入学时的绿色通道，还有你们入学后的数据采集，以及在暑期我和咱们级队所有人的一对一的线上聊天等，其实这些都让我对你们的家庭经济情况有了一个初步的了解，你可以充分相信老师肯定会公平公正，也会保护你们的隐私和主观感受。嗯，老师可以知道你为什么这么排斥让同学们知道你拿助学金这件事吗？

学：因为在我初高中的时候……我所有的班主任都会在班级上讲这件事……

小妍的眼眶开始发红,泛着泪花,辅导员递给小妍一张纸巾,并安抚地握住小妍的手鼓励她。

学:谢谢老师,她们都在班上和所有同学讲我家多么困难,我还这么努力,让同学们跟我学习。但是之后所有同学都另眼看我,包括我曾经最好的朋友,我送她生日礼物,她都不要了,我不想让别人认为我是需要可怜的。

辅:小妍,家庭经济状况不好其实并不可怜。在我心里,你其实是一个很开朗的女孩,我很喜欢你,你有一股冲劲儿,是一个想要的就会努力去争取的好姑娘,这很难得。出身是我们无法选择的,家庭经济状况也不是我们的错,甚至有时候都不是家庭的错,而且这些都只是一种暂时的状态。这和我们的素质、能力无关,我们一不偷二不抢,没什么可丢人的,也没什么可怜的。

辅导员举了一个身边的榜样例子和学生小妍分享,未来其实是掌握在自己手里的,通过自己的奋斗和努力获得成功和财富,才会更有成就感,才会更值得自豪。

学:但是我还是不想白拿这个钱(助学金),我不喜欢嗟来之食,我想靠自己的努力,好好学习拿奖学金,我可以勤工助学。

辅:你说的这两种当然都可以,我也很鼓励你这么做。咱们学校有很多勤工助学岗位,你有需要可以随时来找我帮你推荐。但是我想和你解释一下,国家给的助学金不是"嗟来之食",国家设立助学金是希望让有能力、有潜力的人不要因为经济情况而失去上学的机会,希望这些人可以顺利完成学业。这不是白给的,一是因为你值得,二是你现在顺利完成学业,将来用你的学习成果和品行报效社会和国家,实现自我价值,为国家建设添砖加瓦。

小妍低头想了很久,点点头,辅导员递给小妍一颗糖果。

学:谢谢老师,你说的这些我以前确实从来没这么想过。我总想做到最好的……我觉得好不公平,有钱的人就是会得到更多……我觉得生活没什么盼头……

辅:有很多东西不是金钱可以买来的,比如你有一个很爱很爱你的姥姥,他人的尊重、关心,还有你现在当下正在拥有的青春,等等这些。物质财富都是暂时的,但是精神财富是一辈子的,有句古话你一定也听过:"莫欺少年穷。"在少年的时候苦一点难一点没什么不好,可以磨炼我们的心志,让我们自立自强,这些品质是可以受益终身的。你现在其实已经站在一个特别好的平台上了,大学才刚刚开始,有很多机会可以让你展示自己、锻炼自己,时间和青春都是你自己的,给自己个机会好吗? 在这个新的起点散发自己的专属光彩。

学:我其实也挺想好好充实自己的,但我有点不知道该从哪里开始。

辅:不知道怎么开始不怕,老师会一直在,我会帮你。在大学,学习是第一位的,这是基石。课余时间,你主持和英语都很好,如果喜欢的话,可以去咱们学校的广播站试一试,做自己喜欢的事情的快乐是什么也换不来的。在大学也可以寻找和自己志同道合的朋友,逐渐让自己试着接受朋友对你的关心与善意,也可以在自己力所能及的范围内多多帮助同学们。一步一步来,不要让自己背负那么多的枷锁,大学生活是丰富多彩的,享受拼搏的汗水,不要害怕挫折,摔一跤没那么可怕,有姥姥、我还有你的朋友们在呢,我们都会一直陪着你,站在你身后。其实生活也会很甜,就像我刚刚给你的那块糖一样。

　　小妍破涕而笑，点点头，辅导员握了握小妍放在腿上的手，用行动给予她力量与温暖。

　　不久后，小妍给辅导员发了一条微信，告诉辅导员自己成功进入了学校广播台。辅导员很欣慰，鼓励她继续加油。每隔一段时间或在特殊时间节点，辅导员都会通过QQ、微信以及约来辅导员寝室面对面谈心的方式，关心引导她树立正确的价值观，正视困难，坚定信念。她也积极参与班级集体活动，并在院迎新晚会上担任主持人，绽放属于她的光彩。要想帮助小妍学会真正接纳自己，树立自信心，仅靠一次两次的谈心是不够的，需要长期的关心和鼓励。大学才刚刚开始，路还很长。

案例分析

一、工作思路

　　学生小妍因家庭情况而产生自卑心理，她过度看重自尊，试图以自尊掩饰自卑而自我催眠，将真正的问题掩藏起来，让自己陷入过度自卑与强烈自尊的矛盾中。实施教育引导应围绕如下四个目标具体开展：1.了解学生自幼的成长故事，引导学生树立正确价值观；2.激发学生学习生活动力，树立克服困难的勇气和决心；3.鼓励学生建立良好人际关系，多参加集体活动，和同学互帮互助，发挥自身价值，并激发学生回报学校、社会的积极性，加强感恩教育；4.给予发展建议，引导学生接纳自己，建立自强自信。

　　首先辅导员要与学生拉近距离，消除学生的紧张、局促感，引导学生表达内心感受。在学生的表达中，辅导员可以了解学生内心深处的想法，继而以讨论的方式引导学生树立正确价值观。与学生分享事迹，让学生真正体会任何人都有自己的不易与困难，减少无谓的顾虑，鼓励学生树立在逆境中勇敢奋斗的坚强意志。助其了解自身优势和不足，实现职业生涯规划探索；鼓励其多参加志愿服务等集体活动，主动回报学校、社会、国家，树立感恩责任意识；改善学生人际交往障碍，摒弃自卑心理，正确认识并接纳自己，探寻未来发展路径。

二、工作方法

　　1.利用积极心理学，探索问题背后的积极意义，将消极转化为积极，引导学生以积极心态面对困难。虽然家庭经济情况带给学生不小的生活压力，但也在一定程度上锻炼了他们在逆境中奋斗的积极心理品质，这种精神财富最为难能可贵且会让其受益终身。

　　2.分享优秀学生案例，树立榜样。引导学生发掘自己内心的积极力量，正视差距和困难，以优秀学生做带动，激励其拼搏、自信。

　　3.宣讲政策，解读未来。避免刻板的灌输，通过讨论方式与学生分享，亦师亦友般关心和帮助学生，让其能够深切体会来自国家、社会、学校和学院温暖真挚的关心，从而消除学生思想方面的消极影响，增强其社会责任感、使命感和感恩意识。

　　4.家校沟通等成长辅助。与小妍姥姥保持联系，沟通和了解小妍状态，让其在充满关爱的环境中成长。在日常学习生活中,时刻关心鼓励学生并提供锻炼机会,不断开阔学生视野,提高综合能力,让学生在更多社会实践中加强锻炼,在活动中放下思想包袱,融入集体,感悟人生。

案例启示

对于家庭经济情况困难的学生,辅导员不能只是以解决其经济问题为目标。此类学生因家庭负担较重,易导致其对事物认知发生偏差,容易产生一系列心理问题,辅导员更应关注其心理问题和成长需求,让学生真正认识"困难",接纳现实,逐步树立自信。

辅导员在日常工作中应增加对学生的财富观教育,引导学生树立正确价值观念。部分学生因家庭经济情况,会对于物质渴望较为强烈,在精神层面看重物质获得而忽视精神获取。辅导员应引导他们追求积极的人生高度,人穷志不穷。可以潜移默化地教育学生正视贫困,正视困难和挫折,引导其树立克服困难的勇气与信心。

辅导员在谈心谈话过程中应尽量避免灌输式说教,尤其是家庭经济情况困难的学生,一般比较敏感,盲目灌输可能会适得其反,使学生害怕表达内心真实困惑,进而更加自我封闭,加重心理负担。可在日常生活中增加关心关注,找准恰当时机,在学生困惑强烈或遇到切实问题时,给予及时、有效的帮扶,助其克服自卑心理,建立积极心态。也可将鼓励和引导渗透在平时,让学生感受到辅导员真挚的关心,帮助学生逐步树立自信。和学生一起发掘自身优点,对自己进行理性评价。在日常生活中更加关心,更多给予学生绽放光彩的机会,多鼓励学生参与志愿服务活动等,推动其自我价值的实现。进而在与同学们的互帮互助过程中,真正接纳自己,激发奋斗动力。

思想偏激求学路，高校教育遇挑战

——转专业学生学习情绪调控案例

黎晓明

案例描述

刘金宝，男，2007年9月入校，就读于船舶与海洋工程专业，大一第一学期考试之后有半数课程不及格，大一下学期成绩没有改善，时任辅导员反复与其谈话没有明显效果，学生本人十分痛苦，有退学的想法。

该生父母均为公务员，且属部队系统。该生从小立志当警察，鉴于进入大学以来的学习表现，他决定休学两年参军锻炼，希望可以通过从军的经历，扭转大学学习中的不良状态。

2010年10月，刘金宝复员后回到学校，进入运船09级学习。可是，一看到学校的学习环境，一听到老师们讲授的船舶学知识，看到身边陌生的同学，他对学习的厌烦再次袭来，时任辅导员继续无数次与他谈心，收效甚微，他的痛苦愈演愈烈。

多门课程考试不及格，父母还不愿让他放弃好不容易考上的大学，刘金宝与家人争吵不断，与母亲的关系恶化到极点。他想直接退学，父母坚决反对，后来母亲通过多方渠道找到学校教务部门老师咨询，最终与刘金宝达成共识——转入文科专业学习，一来文科是刘金宝的兴趣所在，二来尝试换一个学习环境。

在2007年入学之初的新生心理普查中，刘金宝曾被查出有抑郁倾向，被列入约谈名单。据此，转入专业不接受刘金宝的转专业申请。他反复找负责的老师交流，还拿着心理指标评估报告来到学办展示给学办老师们看，诚意满满。可近年来心理疾病的特殊情况较多，负责的老师不得不慎重考虑，就这样，事情搁置下来。一周以后，教务处通知转入专业再次组织面试，几经周折，刘金宝终于如愿进入心仪专业学习。

按传统，刘金宝为转专业学生，基础欠缺，进入2010级学习，就这样，刘金宝继续了他长达7年的大学本科学习之路。

进入文科学习之后，辅导员感受到他对学习的厌倦和对世界的好奇。辅导员理解刘金宝，知道他是个愿意捕捉细枝末节问题的空想家，是个纠结于理想与现实之间的矛盾者。文理科之间思维的差异和看问题角度的不同，使刘金宝在成长过程中不断尝试挑战自己，也得到了一些他认为的快乐和收获。但是，再纠结也是要完成学业的，辅导员从未放弃对他的引导和督促，近三年时间里，辅导员任命他做了一年的级队体育委员，完整组织了一次级队活动；因为他在部队入了党，所以还要求他参加党支部民主生活会、理论学习、开放实践等具体活动。大家都看到了他的努力和改变,也感受着他的那份与众不同的思维逻辑。

然而,一个女生的网络留言让辅导员对刘金宝有些失望,原因是他对那个女生表达爱意,被女生拒绝后,他还是反复纠缠,使用了不恰当的方法,使女生在网上不提名地破口大骂,造成了一定范围和一定程度的负面影响。据其他辅导员了解,刘金宝还品头论足地给文科女生做了一个美女排行榜,也遭到了非议。2014 年元旦之后,刘金宝十分颓废地来找辅导员,说有一门在原专业没有通过的课程"C 语言"至今还未通过,心里很是忐忑,根本无法复习,也无心考试,并且再次和辅导员深谈人生、理想、看问题角度等问题,就是不谈好好复习。过了几日的一个晚上,辅导员接到了刘金宝母亲的电话,那是一个纤弱的声音,颤抖着阐述了刘金宝关于考试的情绪问题和毕业论文不会写的毕业困难问题,并表明希望可以跟辅导员见个面,辅导员欣然应允。几天后的一个上午,刘金宝和母亲到学办来,那是一个和电话里感觉差不多的柔弱女人,见面不久就开始哭,诉说着孩子的不懂事和自己的艰辛,辅导员不断地鼓励她面对现实,积极应对,并提醒她不要在孩子面前说这些。刘金宝一言不发,让他表达时,还是滔滔不绝地说别人的不好,讲自己的不易,没有悔意。辅导员让刘金宝在门外等候,先语重心长地劝慰母亲,让刘金宝努力复习,随后再与这门课的老师以及教务处的老师沟通,尽最大的努力帮助他渡过难关。关于毕业论文,辅导员们会叮嘱他常与指导老师交流、学习。最后,刘金宝顺利通过了考试,也完成了毕业论文的撰写,获得了毕业证、学位证。

刘金宝不愿意面对父母,他认为父母,尤其母亲不理解自己,总是用无形的压力促使他一步步走向绝望。

就业之际,辅导员知道刘金宝并没有按照辅导员指点的方法去找一份理想的工作,而是在辅导员不断的催促下,找了个签约单位挂靠了档案。毕业后,刘金宝没有再联系过辅导员。2014 年 9 月,辅导员迎来了第四批学生,在孩子气很浓的新生中,没有再看到类似刘金宝的脸,但还是能回想起这个让人哭笑不得又感慨万千的瘦高个、大眼睛男生,辅导员永远都记得他第一次来学办,拿着心理测评报告走向辅导员的那一刻。辅导员想,应该还是帮到他了吧,至少,他真的毕业了。

案例分析

刘金宝的案例是一个典型的人格障碍型学生发展困惑的案例,其表现的最终落点体现在了专业情绪和学业困难问题上。究其出现问题的原因,主要是由于早年教育、引导陪伴以及遗传因素或生活事件影响而导致的人生态度问题和目标持久性问题。

学生层面:学生在入大学以前的人格发展存在教育漏洞,过分溺爱包办、武断评价等行为扼杀了一个内心澎湃孩子的思想自主性。另外,生活和学习中没有养成善始善终的行为习惯,大部分想法还停留在想象阶段,事物本身发展的现实性没有得到验证,学生对事物发展的幻想越来越优化,对世界的发展越来越超越现实,趋于完美,逐渐产生了心理落差,进而不愿意面对现实。

学校层面:(1)学校在新生入学之时针对学业困难的学生形成的咨询和跟进方案不确切,未了解学生产生厌学情绪的真正原因,没有尽早处理进而埋下了消极的种子。(2)发现学生挂科较多不能再继续学习之后才申请转专业,违背学校规定的同时,学生转专业类型也从兴趣型转化为学业困难型,对学生造成一定心理压力。(3)由于寝室床位不够,学生转入新专业后依旧住在原寝室,不利于增进与新专业同学之间的交流与融合。(4)女辅导员与男学生,有些语言交流起来不太合适,也不能每天见面,对于自觉意识不强的问题学生,部分教育时机容易错失。(5)大学教育的包容性。当教育引导失败后,不应逃避、比较、回忆,应走出心灵误区,用经验启示指导工作实际。

案例启示

对于学业困难的学生,学校和家长应正确面对学生学业问题产生的原因,在基础问题上加以引导,与学生一起分析问题成因,在细节层面上予以特殊关注,而不是片面地指责、批判和否定。

首先,学业困难问题一旦形成,应立即采取应激策略,为学生建立学业困难档案,与任课教师广泛联动,避免学生因学业困难问题而导致突发事件。其次,进一步加强低年级学生日常学习及教育管理工作,继续加大力度做好新生优良学风建设和学习目标建设与管理,充分指导新生快速完成大学角色定位,度过学习适应期,必要时采取切实可行的班对班、人对人、课对课的管理方法,降低学业困难问题所引发的负面影响。再次,在原有工作基础上增加学业困难问题分析会,集合教务处、学生工作处等职能部门,形成学业困难问题解决对策和指导办法,根据实际情况修改转专业实施政策,增补和健全专业二次选择的弹性机制,将转专业问题前置。积极做好对学业困难问题学生的保密及保护工作,保障学生在努力的前提下,可以全方面发展,不受学业困难问题限制,可以从其他方面得到社会的充分认可。最后,依据奖学金评选办法,增设单项标兵奖,鼓励除学习之外有能力的学生施展才华,成就个人价值。

刘金宝的案例证明,一个大学生的成长发展寄托着国家、社会、家庭、个人多方面的要求与期望。人生而平等,在非智力因素的情况下,任何人有权利选择自己的人生道路,有责任对自己的思想行为负责。学校、家庭、社会等平台是教育指导人不断修正不足、不断完善进步的阶梯,而不是沉溺、懒散、挑剔、推诿、指责的摇篮。任何一名大学生的成长和发展都倾注着其家庭和各阶段教育者的心血,这一点毋庸置疑。我们要不断研判高校思想政治工作中存在的滞后问题,要端正立场、与时俱进、去伪存真,要不断思考和创新工作思路,要始终用马克思主义观点指导实践,不断研究大学生德育教育问题的时代性和价值功能。学生工作队伍要树立职业信仰,努力成为思想政治教育领域的专门人才,用实际行动为祖国的教育事业践行奉献。

女生寝室——那解不开理还乱的一团麻

——成功调解一起大一年级女生寝室矛盾的案例

范苏月

案例描述

90后女生,她们自信、乐观、开朗,她们独立也努力,她们也敢于表达自己的想法,但有时她们也张扬个性、叛逆、不屈服,在乐于表现自我的同时,以自我为中心的意识也非常强烈。但就是这样一群个性鲜明看似温柔温婉的灵动女孩,有时却无法避免彼此的隔阂。一次寝室的失窃案、一次卫生评比的失利、一次集体小聚餐的不欢而散,一次次的小摩擦,让这个本来形影不离的四人行变得不再和谐,甚至分崩离析。

一、初入大学,五百元钱寝室里不翼而飞

又是一年开学季,初入大学的新生小王急匆匆地来到办公室找辅导员,说她钱包里的500元钱在寝室不翼而飞。辅导员马上向她了解情况,原来当天中午小王约了寝室里的两人一起去吃饭,另外一个室友小李留在寝室,可是当小王三人吃饭回来的时候,却发现钱包被拿了出来,钱包里的钱也不见了。这时辅导员建议立即报警,然后在全级队范围内加强安全教育。可就在准备报警的一瞬间,小王却犹豫了,善良的她弱弱地问,如果是自己的同学拿了,被警察查出,结果会怎么样?辅导员说,根据校规校纪和实施金额进行处罚,正常情况下会被处以开除学籍的处分。"啊?这么严重啊!"小王有些吃惊,"那我再想想吧,我怕万一查出是自己的同学怎么办?"这时的小王已经在心里弱弱地觉得是同寝室的小李拿了她的钱,因为当时只有她一个人在场。辅导员隐约明白了小王的想法,在向小王说明了事情的利弊之后,让小王自己决定。最后小王还是希望给同学一次机会,坚持暂时不报案,如果当天没有人主动承认,第二天再报案。辅导员同意了她的意见,在对寝室的四个人分别进行了安抚后,让四个人回了寝室。当天晚上是寝室里四人挣扎且纠结的一晚,"报警"和"不报警"分为两派,小王坚持表达了希望谁拿了自己的钱赶紧拿出来,而被怀疑的小李更是纠结和苦恼。僵持了一晚上后,第二天终于还是报了案,但由于没有什么可靠的线索,这失窃案最终还是没有告破。事后,辅导员又分别对寝室的四名同学进行了疏导,希望同学之间不要妄自猜测。同时告诉同学们在做到彼此信任的同时还要加强自己的安全意识,例如不要在钱包里装太多现金,平时银行卡不要总带在身上,寝室的门

一定要及时上锁,同时谨防陌生人进入寝室,等等。辅导员后期还在级队范围内进一步加强了新生入学安全教育。辅导员还分别联系了小王和小李的家长,让家长对孩子进行疏导,并进一步解除心中的隔阂。

二、卫生差评,寝室再陷僵局

寝室的小美性格活泼开朗,并担任班级的生活委员,主要负责班级同学寝室的卫生检查。初入大学,她更是新官上任三把火,非常想把班级同学的卫生成绩搞上去,每天坚持检查女生寝室卫生。可她自己寝室的卫生成绩却总是不理想。小王是个爱美的姑娘,大小玩偶一大堆,各式的皮鞋满地都是,各样的化妆品也是一桌子,东西多,地方小,于是就显得很乱,怎么收拾都不利索。小李呢,是个长发飘飘的姑娘,可也不修边幅,从小被父母宠坏了,基本不知道怎么收拾卫生,有时梳完头发,弄得满地都是。小美开始还忍着,认为作为寝室长和班级生活委员,多干些寝室卫生是应该的。可是一次寝室卫生检查不及格,小美终于爆发了,并向辅导员提出了换寝。

经了解,原来四个人因为平时缺少交流,彼此之间存在很多的不满和误会。在辅导员的协调下,大家开诚布公地面对彼此,消除了误会,终于再一次和好如初。

案例分析

初入大学,同学之间不够熟悉,出现问题便会相互猜疑,于是发生了寝室矛盾。小王较马虎,使得丢钱成为必然;而小李、小美性格相对内向,出现问题不擅于主动表达,也是寝室问题升级的重要原因。

案例启示

1.很多初入大学的学生,缺乏独立生活的经验,生活自理能力及安全意识均较差。入学后,辅导员应及时对学生的安全意识进行引导。

2.对于寝室盗窃,需要通过正规渠道上报相关部门解决,在没有任何证据的前提下,不要随意怀疑任何一个舍友或同学,更要拒绝谣言。

成长路遥，单方面转型与全方位塑造的距离

——寝室矛盾处理工作案例

黄 杰

案例描述

学生 A 与室友的矛盾在一天晚上爆发，导火索是寝室打扫卫生产生的后续问题。辅导员接到班委的消息，称学生 A 所在寝室传出争吵声，班委前往该寝室发现学生 A 与一名室友在相互推搡，于是迅速将其分开。辅导员接到信息后，第一时间前往学生寝室处理。在前往过程中，学生 A 通过社交软件向辅导员提出更换寝室的申请，表示无法与室友再相处。学生 A 的意见集中在几个方面：一是当天下午 A 在寝室使用洗衣机，未将排水管安置好，导致脏水排至寝室地面，在未完全处理完毕时因有事着急出门，故只对寝室地面进行了简单清扫，待其返回寝室继续清理时，发现室友和室友的好友将拖地的脏水挤到了学生 A 的椅子下，学生 A 对此行为愤怒不已，于是发生了语言和肢体冲突；二是其他同学的生活作息对学生 A 的正常学习生活产生了严重影响，室友经常在凌晨大声打电话和玩游戏，在午休时间也发出较大声响，所以学生 A 对三名室友有很大意见，这个学期几乎没有交流。

辅导员到达学生寝室后，班委和四名寝室成员均在现场，学生 A 面对着自己的电脑屏幕一言不发，其余三名室友则同时向辅导员提出了将学生 A 调出寝室的诉求，并对学生 A 的日常行为进行列举：一是学生 A 除了今天将洗衣机的脏水排出，之前已经多次犯有相同错误，令同寝成员较为不满；二是学生 A 作为寝室长，在寝室卫生方面从未起到带头作用，个人卫生在寝室是最糟的，卫生检查时常被扣分，而且在其他室友和班委多次提醒下，并无明显好转；三是学生 A 自交上女朋友后，待在寝室的时间相对减少，室友与其交流时，他态度冷漠，说话刻薄，语气中透着轻蔑，室友都不愿意主动与 A 交流。在三位室友对 A 的种种行为"控诉"的同时，先前沉默的 A 多次打断，急着为自己辩解。为避免激化矛盾，消除寝室弥漫的"火药味"，辅导员要求室友将内心想法充分表达，勒令 A 停止辩解，先倾听他人意见。

案例分析

在基本了解冲突发生的前因后果并集中各方看法后，辅导员制定了事件解决对策：首

先,判断寝室矛盾的性质,表面虽表现激烈,但究其本质,还是寝室内部分歧问题。寝室成员在思想认识、看问题角度以及行为观念和方式上并不存在不可调和的矛盾,可排除寝室调整的解决方式,而采取语言沟通的调和策略。其次,明确指出学生 A 和室友、其他同学在本次事件中的错误,严肃组织纪律,要求切实认识各自不足并向其他同学道歉,且限期改正。第三是明晰寝室成员的权利与义务,明确维护安静、舒适、稳定寝室环境的各自责任,制定规则,提出约束成员的行为程度,杜绝矛盾发酵。最后对寝室卫生效果、人际关系评价提出要求,通过卫生成绩定量指标,协同寝室融洽程度开展他人评价,以内部评估的综合描述定义和谐,进而从根本上解决问题。

在事件发生后,已经通过学生 A 的反馈和室友的陈述了解各方对他方的看法和意见,并正式告知寝室四名成员不得轻易调换寝室。根据学校和学部管理规定,学生需积极配合学校住宿安排,学生个人无特殊原因不能申请寝室调整,其他人亦无权迫使学生搬离原有寝室。同时,为全面处理,决定对参与事件的室友好友——学生 B 开展谈心谈话,了解他和学生 A 室友共同把脏水挤到他人椅子下的原因,学生 B 表示自己对学生 A 平日的行为非常不满,他与学生 A 的其中一位室友关系好,经常串寝交流。学生 A 不喜欢寝室之外的人员进入,多次暗示学生 B 不要随意来自己寝室走动而影响其学习,这次脏水遍布寝室事件让学生 B 及其好友非常苦恼,所以决定给 A 一些教训。辅导员指出学生 B 的错误在于采取错误的方式对他人寝室内部矛盾进行错误干预,在没有弄清事件来龙去脉和具体原因之前盲目站队,做法十分幼稚,对他人缺乏耐心和包容。随后指出学生 A 在事件中的错误:第一,作为寝室长,没有担起责任,既没有带领寝室成员做好日常清洁和秩序维持,又不能引导寝室成员凝心聚力,营造积极向上的融洽氛围。第二,作为大学生,缺乏纪律意识和规矩意识,对学校、学部的相关规定和管理条例置若罔闻,出现问题后以自我为中心,解决问题方式不合规矩。第三,缺乏基本的礼貌礼仪,对个人性格缺陷不加改正,我行我素;对室友的不文明行为缺乏耐心劝诫和有效沟通,急于划清界限并恶语相向,无正视错误的姿态,不听取他人意见及建议。同样,学生 A 室友的错误在于不能适应学生 A 在某些方面的积极改变,无视学校《大学生手册》中对于寝室管理的相关规定,不及时纠正错误行为,"组团"排挤和孤立同学,形成"三对一"的局面,致使寝室矛盾日益加深。

辅导员在指出各方错误基础上,要求寝室每位成员认识自身错误,同时向其他成员道歉,做出承诺,互相监督,限期整改。同时,为从根本上解决问题,在辅导员和班级负责人的见证下,明确各方责任,共同制定寝室卫生值班表、寝室公约。在之前容易产生分歧和矛盾的寝室作息、他人串寝、大声喧哗等问题方面做出规定,大家在执行过程中相互监督,如有触犯,将接受相应惩罚,并制定迅速提高寝室卫生成绩的短期目标。制定过程中,将每位成员权益最大化,尽量满足每个人的想法,辅导员和班级负责人对不合理之处做出了科学修订。

从执行效果来看,学生 A 所在寝室成员均能认真遵守、准确落实,该寝卫生检查分数明显改善,并保持在 9 分以上。寝室各成员在大二学年上学期均未出现挂科情况,学习氛围更加浓厚,学习成绩进步显著。与此同时,寝室关系更为融洽,偶尔会开展集体活动,事件处理取得了实际效果。

案例启示

1.分析问题由表及里,不轻易采取强制措施加以解决。本案例中,看似激化的矛盾实际上只是一些鸡毛蒜皮的小事,因时间久,学生偏颇的自私之心不断加剧,导致其情绪波动。通过采取抽丝、剥茧的矛盾处理方式,发现案例中学生错误行为方式与其性格缺陷的直接关联,并未上升至人权抑或价值判断的高度。今后在解决类似问题时,辅导员应把握好共性、个性之间的平衡,制定出更多因事而异、高效灵活的处理方案。

2.发挥学生主观能动性,注重集体监督和自我管理维度。本案例从矛盾产生到方案实施,辅导员扮演着监督、评判的角色,引导学生恳谈内心想法、承认自身错误,监督寝室公约,制定值日制度,反馈实施效果。与传统习惯下学生将矛盾全盘交至辅导员,辅导员像法官一样断案的方式不同,此做法充分激发了学生判断是非的体验感,一方面能促进学生合理分析人际关系,提升解决问题的能力,另一方面有助于学生尽早脱离矛盾带来的负面情绪,重视自我约束和自我管理。

3.助力学生干部培养管理,及时切断矛盾传导路径。通过对案例中学生 A 寝室长一角的岗位履职,能够评判在学生干部培养中存在选人不当、培养不利、效果不好的现象。应进一步加强对学生干部身份的宣传和要求,进一步规范化岗位选拔、科学化培养培训,教育指导学生干部强化内部责任,认真履职尽责,提升管理水平。充分发挥寝室长在学习、生活等各方面的带头作用,打造一批学习优、秩序优、卫生优和团结优的"千优寝室"。

大学生，请为你自己"代言"

——家庭溺爱环境下的学生成长案例

魏子杰

  小田，女，辽宁锦州人，2017年考入我校电气工程及其自动化专业学习。小田家庭环境优越，父母素质较高，父亲在建筑设计院搞技术，母亲从事高校行政工作，家族长辈也多为大学学历。小田是家里的独生女，家长对孩子望女成凤。小田从小听从父母安排，学习钢琴，对于父母强加的"兴趣班"，并没有表现出反感，而对自己热爱绘画的兴趣却从未向父母透露。直到她长大后表现出极高的绘画天赋，父母才意识到，并对忽视一门特长而"倍加遗憾"。小田大学学习的专业也是父母的选择。生活上，父母对孩子的关怀无微不至，从小到大从不让孩子独立尝试，形成了"紧握不放手"的习惯。大学学习有困难，父亲亲自修读大学课程为孩子辅导。殊不知，这种"短暂的爱"却遏制了她长远的发展。

案例描述

  小田性格内向、腼腆，不善表达。她在校期间整体学习表现还算努力，但学习能力明显不足，成绩一直不理想。大一学年勉强还能跟得上，大二出现挂科，截至大三结束，积攒了五六门欠课。因为学业问题，辅导员带小田去过学校学业指导中心，也组织过集体学习、课余辅导，奈何效果均不明显。与小田关于学习和生活的交流也同样艰辛，出于对老师的畏惧，她与辅导员的对话总是"能少说就少说"，往往是在被追问下才或多或少"挤"出一些信息，师生之间仿佛总有难以逾越的鸿沟。这种性格也使得小田在遇到问题时不爱向老师和同学们请教，面对学习阻碍，她的内心难免焦虑。

  小田人际关系简单，在班级中表现并不突出，很难想象她在人前侃侃而谈的样子。幸运的是她与三个室友相处还算融洽，而其中一个室友还是班级团支书，很多关于小田的消息，辅导员都是从室友这里获取的。此外，因学业上的交集和共有的动漫爱好，小田在班里还能有一两个谈得来的男同学。除寝室和班级外，小田加入了学校魔术协会，还在里面担任了一定职务。大二学年级队元旦晚会，小田上台为大家表演魔术，在自己擅长的领域，辅导员脑海中一向拘谨的小田的形象霎时发生巨大改变，从而对小田有了更加全面的认识。

  在小田大学的前三年里，父母的心态一直在"被动"转变。看着小田自顾自努力没有效果，一次次的期末成绩不断成为小田的压力包袱，父母对此十分着急。在刚上大学时，原本希望孩子能保送研究生，因此虽然大一时小田的成绩不算太差，但父母依然不甚满意，继续对小田不断施压。由于内心情绪压力不能得到纾解，小田身体越来越虚弱，在一次重要课程期末考试中突然晕倒。从办公室奔赴考场再一路送去医院的场景,至今还让辅导员历历在目。伴随成绩一直没有起色,小田父母也渐渐接受了现实,从最初的力争保研,到如今的清除欠课,父母在深深自责中饱受着遗憾与无奈。

在学习困难和家庭矛盾的背后,还有一个尴尬的生活问题——薄弱的自理能力。漏选错选课程、记错考试时间、找不到准考证、忘记交作业、考前把钥匙落在寝室导致自己被锁在门外……类似事件不止一次发生在小田身上。每次小田父母因为这些问题给辅导员打电话,确实让学办老师哭笑不得、又急又气。既因为学生犯这种错误而生气,又忍不住感慨家庭教育对孩子成长的影响。为此,在大二寒假,辅导员以家访的形式前往锦州学生家中,与小田及其父母一起当面交流,切身感受学生的家庭氛围。通过加深对家庭环境和学生成长经历的了解,辅导员更好地"认识"了小田,更准确地分析小田出现问题的原因,更有效地设计针对性解决方案。家访时,谈话过程基本都是父母发言,在与小田讨论关于她自己的问题时,学生还没来得及开口,就被父母"我感觉她怎么怎么样"代言,从小田无奈和愤懑的微表情中,看得出小田对父母"代言"的不满。其实小田步入大学后,在思想独立方面相比之前有了很大改善,大学环境对学生独立性、自主性的需求影响较强,某种程度上促进了小田一点点拥有了自己的想法和个性。然而这种积极的变化在其父母眼中却成为青春期的"逆反",而这种"逆反"更多的其实是家长对学生个性与主见成长的"不适应"。

大三下学期,受新冠疫情影响,整个学期学生都在家中度过。原本计划本学期父亲来校租房陪读,也就此搁置,但疫情反而为一家三口提供了较长时间相处的机会,能够使家长更好地掌握学生真实的学习状态和问题成因。为督促小田跟上学习进度,备战补考,辅导员不定期地与学生和家长沟通。小田在家基本上都在屋里"学习",但父母不时进屋看望,发现学生浏览与学习无关的网站或与朋友闲聊而影响学习时,就少不了争执。一次与小田要好的同学突然给辅导员打电话,说小田跟他交流时流露出十分消极的想法(轻生),可能是被父母施加了太大的压力。随后,辅导员第一时间联系小田妈妈,询问其是否在家并将从小田同学那里获得的情况与家长进行沟通。从哽咽的声音中我大概猜到,该是母女俩刚吵完架。孩子跟同学哭诉,家长也深感无助。小田妈妈开始承认以前的家庭教育有过失,一味地将父母期望想当然地施加给孩子,而不考虑孩子的想法和感受。辅导员也曾带小田和其父母前往学校心理咨询中心,中心老师表示:逆来顺受的孩子在思想成熟的一刻,彻底激起摆脱家庭影响的欲望,并在潜意识里产生报复性心理,无主观意识地通过"伤害"自己来"回馈"在乎自己的父母,宣泄内心的压抑。

案例分析

"家庭是孩子的第一所学校,家长是孩子的第一任老师。"可以说,小田的处境与父母的影响密不可分。大学生因压力过大引发心理问题最终导致危及自身的事件时有发生。小田父母之所以对孩子施加压力,是因为家长从小对其期望过高,其在大学的表现使家长出现较大的心理落差。作为父母,应正确理解孩子需求,探索青少年成长规律,积极看待学生成长、发展,尊重其个性,努力成为孩子成长最坚强的后盾,而非对立的"敌人"。在小田家访过程中，鼓励父母探索学生内心世界，支持学生思想独立，建议家长适度放手，给学生更加宽厚、包容的成长环境，让学生为自己"代言"。常言道："父母之爱子，则为之计深远。"伴随孩子一生的不是父母，而是孩子自己。本案例主人公仿佛小说《无声告白》中的女主玛丽琳，她一生都想摆脱母亲的期待，不屑于像母亲那样把做一个完美的家庭主妇当成理想。她想要成为一名真正的职业女性，但婚后不可避免地堕入家庭琐碎生活中。回归家庭的玛丽琳，内心并没有真正妥协，她把自己全部的野心和梦想寄托在了女儿莉迪亚身上，她把女儿当作了另一个自己，要求她热爱理科，并热切期盼她有一天能成为一名真正的医生。莉迪亚为了博得母亲的欢心，也害怕母亲再次离家出走，全然失去自我地配合着母亲，直至有一天承受不住这样的压力而投河自尽。"我们终此一生，就是要摆脱他人的期待，找到真正的自己。"

在小田身上，还体现着很多学生共有的生涯规划意识模糊问题。"天生我材必有用"，大学虽然有所学专业的区分，更多则是学生成长和能力培养的平台，更重要的是，在学习实践中不断明晰人生的方向。目标意识、规则意识都是大学阶段需要补充的"成长课"。近年来不断推进的新高考改革，将文理两大类分科细化为"3＋X"自选科目，也是出于将学生生涯意识前置的设计。

案例启示

辅导员要做好学生成长的引路人，搭建家校沟通的桥梁。这需要辅导员对各类型学生都有全面的了解，工作更细致，育人方法更科学，秉承包容的心态，不急于否定和为学生"贴标签"。对有学业或心理问题的学生，要了解学生的成长经历和家庭环境，通过学生、父母、老师、同学等多方面了解学生细节，挖掘学生闪光点，给予学生鼓励与信心，分担学生心理压力，从而促进其立足自身优势，勇敢面对并克服现实困难。同时要了解教育回馈的长期性和复杂性，不能奢求育人工作立竿见影，通过辅助性介入室友、学生干部等周边力量，分阶段总结对学生的引导效用，在辅导员谈心谈话基础之上，及时转介学业指导中心、心理咨询中心实施专业指导。学生工作要始终坚定信念、常抓不懈、家校联动、因材施教。

莫让学生干部成"断线风筝"

——学生干部懈怠情绪调整工作案例

高玮琪

案例描述

大三下学年,人文学院 2016 级学生面临毕业落位压力,其中,公管 1604 班的学生上课出勤情况不好,每节课都有部分学生逃课,然而公管专业本学期的专业课十分重要,因此,辅导员紧急召开级队会,但公管 1604 班的出勤率仍然较低,就连班长都未到场。为了扭转学生干部工作态度不积极的问题,辅导员同班长李文进行了两次谈话,在了解了他自身和班级问题的基础上,帮助他重拾工作信心和工作热情。

李文是公管 1604 班的班长,该生大一时是班级团支书,大二专业分流后,经同学民主选举当上了班长。该生自身素质较强,也有不俗的工作能力,因此班长工作连任两年。在大三学年,临近毕业落位,李文选择备考公务员,由于自身精力分散,加上班级凝聚力大不如前,公管 1604 班在级队的各项工作中都处于落后位置,班干部工作也不积极,人心不齐,班级成绩直线下滑。

级队会上各班清点人数,发现公管 1604 班出勤率最低,且班长李文没有到场,也没有请假,会上辅导员没有对此事进行追究,只让团支书通知李文第二天上午到辅导员办公室一趟。次日上午,李文来到了辅导员办公室,进门的时候,脸上充满无所谓的表情,神情带着一些疲惫。

"昨天的级队会为什么你没有来参加?"

"老师,我晚上要参加一个课外班培训,时间冲突了。"

"那为什么没有向我请假呢?"李文低头不语,接连问了两次,仍旧没有回答。

"如果你是老师,面对班长都不来开会的情况会怎么想呢?"

以前的班长李文不是这样的办事风格,连续担任了三年主要学生干部,他不会突然转了性子,其中肯定有原因。想到这里,辅导员觉得不能这样直截了当地和他交流了,应该给他时间冷静一下,才能深入探讨,了解他的内心想法。

"今天你先回去吧,把你对这件事情的想法写下来,不管是班级的还是你个人的,辅导员印象中的你一直是一个有责任感的班长,你把这段时间自身和班级出现的情况写下来,再来跟我好好交流一下。"

听了这句话,李文抬起头,目光中带着意外。

第二天一大早,李文手里拿着几张纸来到辅导员办公室,脸上既有兴奋,又有一些紧张,隐隐的还有些疲劳。"老师,这是我昨晚写出来的,您看看吧。"辅导员非常认真地把几页纸看了一遍,露出了欣慰的表情。

他首先谈到了自己工作态度出现问题的原因。在本学期课程开始之后,班级中一部分学生因为专业课学习难度的增加和即将面临的毕业落位压力,开始对专业课学习产生消极态度,尤其是班上部分同学跨专业考研,还有不少同学考公务员、找工作,所以对专业课的学习产生了放弃的念头,得过且过。作为班长的他起初意识到了班上这种不良现状,也曾私下与几个典型同学沟通问题,但几次努力未果,却又因此得罪了同学,过后又想到马上就要毕业,再加上他自己也在备考公务员,就没有尽到一个班长的责任,对学生工作应付了事。

从李文对班里问题的分析可以看出,他本身是一个关心集体、有责任感的好班长,只是面对毕业的种种压力,有些力不从心,而且担心影响自己的学习。在信中,他根据班级现存的问题提出了几点建议,并且希望得到辅导员和任课老师的帮助。在信最后,他表达了自己改进工作态度的决心:"作为一名班长,我应该肩负起班长责任,不能辜负同学们的信任和老师的器重。"看完信,辅导员深受感动。辅导员对李文说:"我也是从你这个角色过来的,我知道面临毕业压力的班集体不好带。""老师,给我两个星期,我肯定让你看到一个全新的班级。"这正是辅导员想要达到的目的。随后,辅导员用了近一个小时的时间,与其探讨了如何扭转班级目前状况、共同管理好即将毕业班集体的想法和建议。

几天后的一个下午,辅导员约见了公管1604班的团支书,向他了解班级近况,他说:"老师,前几天我们班长给我们开了班委会和班会,和全班同学一起分析了班级和他自身的问题,希望我们一起努力,建设一个具有优良学风的班集体。班级同学都很配合,现在班级面貌焕然一新,在班长的带动下,每个同学都跟以前不一样了,出勤率也大大提高。"

案例分析

一、观察、判断与节奏把握

首先通过对谈话对象的神情、状态观察,观测其心理状态的变化,与往常了解的情况有出入。选择择日再谈,融理入情,减少学生内心抵触;引导将其想说的话以文字形式写下来再沟通,深入思考问题所在,更进一步推进当事学生对产生问题的全面把握。

在给予谈话对象充分尊重的基础上,得到了谈话对象心理上的认可;第二次交谈,由"敌"转友,认识发生变化,也多给谈话对象有针对性的鼓励和建议,大大助力问题的解决。

二、问题思考与建议策略

1.利用"南风效应"开展谈心谈话。疾风骤雨式的批评并不能取得良好的谈话效果,和风细雨式的教育指导能让受助者本身更易接受和主动表达。大学生处于个性养成阶段,让其感受到尊重和信任,才有可能收到良好的教育效果。本案例中,辅导员没有选择不分青红皂白的简单批评的方法,而是给他充分的空间,平等对话,把学生的工作热情重新点燃,不仅引导了一个学生干部走上正轨,也推动他带好了一个班级。

2.利用角色置换效应。在社会心理学中,人们把交往双方的角色在心理上加以置换而产生的心理效应现象,称为角色置换效应。在师生沟通中,教师不仅要常换位思考,还要把这种思维方式传递给学生。老师有意引导,学生耳濡目染,也逐渐学会理解他人,学会宽容和分享,对终身成长和发展产生长远效益。在与李文的谈话过程中,辅导员询问他"如果你是老师,面对班长都不来开会的情况会怎么想呢",也向他表示"我也是从你这个时候过来的,我知道面临毕业压力的班集体不好带",充分体现共情。

(三)突出细节辅助

在与班长沟通的基础上,为帮助公管1604班更快提升,辅导员联系专业任课教师,全面提高对课堂出勤率的检查,每节课清点人数,不给同学们逃课的机会,同时自己也会随时抽查课程出勤情况等;与其他班级干部沟通,群策群力,消弭问题,发挥学生干部带头作用;强化目标和竞争意识,采取资源共享和策略分享的方法,以搭建评奖评优平台为契机,做好班级建设的管理和考核。

案例启示

"学生干部是学生工作的基石,也是学生工作的核心和灵魂,辅导员要善于引导学生自我管理、自我教育和自我服务,关键是做好学生干部的培养工作。"有人说,辅导员、学生干部和学生三者之间的关系如同伞柄、支架和伞面,一个再好的伞柄如果没有支架的支撑是无论如何也撑不起一片天空的,所以学生干部培养工作一定是学生工作事务管理中的关键环节,需要付出心力。

随着新媒体时代的飞速发展,当代大学生思想独立性、选择性、多变性不断加强。为适应新时代大学生成长的特点,国家不断深化教育体制改革。辅导员作为学生事务管理者和大学生日常生活最密切的接触者和参与者,要想做好学生管理工作,离不开各级学生干部的帮助和支持,如何充分调动学生干部工作的积极性,帮助他们完成日常工作,同时有效锻炼能力,是尤为重要的问题。

在选拔学生干部的过程中,要十分注重对学生干部的综合素质和道德品质的观察和培养;一个富有责任感的人,才能经受各项管理工作的磨砺;怀有一颗赤子之心的人,才能做好服务同学的各项工作,并且取得长足进步。在工作过程中,辅导员应该密切关注学生干部的情绪变化,深入学生群体了解情况,学生工作要从群众中来到群众中去;分配工作要考虑学生个人特长和性格特点,充分发挥学生干部的岗位价值,百花齐放,避免学生干部工作压力过大或工作方法不当,产生极端问题;及时引导学生使用正确方法处理思想问题,促进学生干部和全体同学积极思考、乐于工作,体验工作成就感,快速实现成长目标。

"准辅导员"的不眠之夜

——学生干部参与紧急救治特殊事件工作案例

孔嘉昊

2021年3月7日21时40分,我在从图书馆回寝室的路上接到辅导员黄老师的电话,了解到我们班的一名同学身体不适,称自测血压较低,经与其家长沟通后,准备前往校外某三甲医院治疗。辅导员黄老师在综合考虑校医院给出的意见("并无大碍")后,结合当时实际情况,考虑到往返学校和进出医院流程均比较复杂的情况,加之接近凌晨,建议该同学第二天再出校就医。但该同学执意立刻前往医院。受辅导员委托,由我送该同学前往医院并及时反馈就医情况。

我接到通知后立刻联系该同学,得知其已经行至学校西门,我马上前往西门与其汇合,但由于事发突然,我的学生卡落在了寝室,保卫处经与辅导员沟通,我出示电子卡后方能离校。随后我与该同学打车前往医院,由于离校时的审查耗时不短,加之医院距学校较远,我与该同学近22时才到达医院。此时只有夜间急诊,且在办理完相关入院手续后,只能由该同学一人进入就诊,我作为陪同人员需在院外等候。在整个过程中我与辅导员黄老师时刻保持联系,在确认该同学已经顺利进入医院后,我一人打车返回学校。

当日23时30分左右,该同学顺利返回寝室。经过与他的沟通,我了解到他进入医院后,医生在初步问询后也确认其并无大碍,及时休息、注意补充水分即可,无须留院观察或开具药物。该同学也坦言,从医院返回后感觉症状减轻很多,当时的不适可能是心理因素所致。

在确认该同学休息之后,我连夜将情况反映给了辅导员。8日清晨,辅导员来到寝室看望该同学,嘱咐该同学要关注身体状况,加强锻炼,并委婉提出今后做事情要多多考虑实际情况,做出符合客观实际的决定。最后大家皆大欢喜,也算是为本次突发事件画上了一个圆满的句号。

本案例属于学生干部在老师指导下处理突发情况的典型案例。任何突发情况都具有一定的不可预知性,对于没有经验的学生和学生干部来说,慌乱和无从着手十分正常,这也在某种程度上体现了学生工作本身的复杂性和挑战性。在该案例中,主要有如下三个难以把握的关键点:第一,在特殊背景下该同学不听辅导员劝告,不相信校医院已经给出的结论,执意前往校外医院;第二,学生家长的远程指导及学生经验尚浅的情绪化判断给学校管理提出的道德考验;第三,短时高效的外出陪同及其风险评估,陪同人员的选择,出入校手续的办理,学生干部本身的细节把握能力、克服陪同恐惧能力等,都是对辅导员开展远程指导工作的巨大考验。在亲身经历后,我有责任对事件全过程进行彻底剖析,领悟该案例本质,为今后学生工作的开展积累经验。

一、关于当事学生

虽然突发事件为"突发",但究其发生的原因,却是长期积累和有迹可循的。在各类事件发生要素中,学生个人因素最为主要。从当事学生的成长环境和生活习惯中发现,学生的性格特点、行为认知是导致事件发生的关键。只有准确把握这一点,才能提前预判什么样的学生针对不同的事件可能做出怎样的反应,进而降低事件的突发性。以本案为例,研判整个事件过程中的学生表现,为以后同类事件的处理提供借鉴。细节一:"执意立刻前往医院问诊",可以反映出学生个性强硬、较为固执,甚至偏执,不信任校医院和辅导员的判断。细节二:根据该同学"自测血压较低后先与其家长沟通"而不是立即就诊的情况,可以反映出该同学对家人的依赖,心智不成熟,生活经验少,独立性不强。细节三:根据该同学在特殊时期"近22点到达校外医院"的事实可以看出,该同学做事不够全面,对所做决定的后果考虑不周。学生应学会根据日常与他人在学习、生活、工作各方面的接触,逐渐成长,并懂得与身边人交流心得、体验成长。辅导员应关注各类专业心理评估测试所把握出的学生特点,借鉴参考,促进全面评判,正确分析与处理问题。

二、关于学生干部

对辅导员来说,一支始终可靠的学生干部队伍是其强有力的工作支持。教师身份为辅导员与学生的实际距离设置了天然阻隔,甚至部分学生不自觉地与老师疏离。学生不与辅导员沟通、师生互不了解,是开展学生工作最大的阻碍。在本案例中,作为学生干部的记述者,在整个事件中起到"桥梁"的关键作用,保证了师生的正常联络。作为事件的全程参与者,学生干部获益匪浅。首先,学生干部能够在接到老师通知后第一时间到达突发情况现场,反映出辅导员在学生干部队伍建设工作中已取得明显实效,这在学生干部分担辅导员事务工作过程中体现得尤为明显。其次,"学生卡落在寝室"导致两人在门岗消耗不少时间而影响出校进度这一状况,是学生干部临场应变和危机处理能力不足的体现,进一步说明学生干部,尤其是将要从事学生工作和投入社会就业过程的学生干部,更需在校期间的深度历练,补充细节把握能力和应对突发状况能力。

三、关于辅导员

辅导员是学生工作队伍中最贴近学生群体的角色,承担着极为重要的育人职能,由于身处育人一线,总会面对更新、更复杂的问题,更需要扎实的基本功和强大的思考变通能力。本例中辅导员黄老师有两点做法值得借鉴:首先是"在自己有紧要事务走不开但学生发生紧急事件的时候,能够第一时间找到合适而可靠的学生干部加以协助应对";其次是一步步指导学生干部如何开展工作,"次日清晨及时来到学生寝室与其面谈",体现出辅导员实践育人的双层效能,即学生干部培养能力和后期处置复盘能力。

案例启示

在准确掌握学生基本情况和自身特点的基础上,学生工作者应当采取多种方式加强对学生成长过程的教育引导。工作中,我们应始终筑牢安全稳定的原则底线,对待学生,要用责任心、爱心、耐心、细心,将强化思政走实入脑和加强学生心理建设放在工作首位,确保学生明礼诚信、知恩感恩、崇德固本、身心健康。探寻青年学生成长规律,把准立德树人工作核心,因时而导、乘势而为。做事先做人,学工队伍只有引导和培养学生树立积极向上的发展目标,激发学生严谨自觉的内生动力,才能以点成线、促线成面,打开事半功倍的工作格局。以教育对象的实际需求为出发点,通过学生学业、生活、活动等多方面,提炼学生个体的差异化问题,因人而异,有所侧重,优先解决重点关注群体和个体的教育工作,及时评估问题学生心理状况,保持家校联动。

衡量、评判优秀学生干部,要从"硬实力"和"软实力"两方面入手。"硬实力"是各类评奖评优和工作实绩,紧抓"硬实力"能够有效明晰学生干部工作方向性,为各项工作推进打造数据基础。"软实力"是群众基础,在日常学习生活中,培养学生干部既能成绩优异、全面发展,又能与同学们打成一片,拥有一定的威信和被同学认同,这不仅是辅导员的工作目标,也应是学生干部的成长追求。培养一支"既硬又软"的学生干部队伍,拥有积极拔高的良性竞争发展格局,才能够让育人工作始终有底气,以坚强的"武器"支撑,处理好复杂多样的"突发"状况。

做好学生工作,不仅要亲历"吃一堑、长一智"的认识,还要善于借鉴经验、吸取教训。本例中的以下两点可供实践参考。第一,以努力培养一支听指挥、能力强、办实事的学生干部队伍为目标,建立"辅导员—学生干部—学生"相承稳定的工作链条,确保工作的高效衔接和具体开展。管理方应当给予学生干部足够的支持和指导,既要不断提升其理想信念,确保其精准发力,还需掌握合理尺度,避免因用人方式不当导致掐灭其职业理想的希望之火,挫伤其发展目标内动力;管理方努力"减政放权",积极培养和锻炼学生干部独立处理工作事务的能力。第二,针对突发事件应"狮子搏兔亦用全力",从开始高度重视到最后绝不松懈,并认真总结,妥善做好工作收尾。学生工作者应始终提高危机意识,坚决避免使"危机事件"演化为"灾难事件"。突发事件的发生意味着一个矛盾到了临界点,是发展到"无法挽回"还是"虚惊一场"?这是高校学生工作者需防微杜渐、切实思考的时代问题。

探索教育规律，精准正向激励

——助力少数民族学生全面发展工作案例

赵俊逸

案例描述

晓阳(化名)，外语学院俄语系 2019 级学生，在第一个学期的期末考试中，其成绩总排名为 14/15。第二个学期，她哭着来找辅导员："老师，公共课程和专业基础课实在太多了，我学得实在太吃力，每天都是寝室、食堂、教室三点一线，一点个人时间都没有，我太失落了，这是我想象中的大学生活吗？"

本校的俄语系只面向东北三省招生，由于东北三省毗邻俄罗斯，有着得天独厚的地理环境，给俄语专业学习提供了便利。晓阳老家在吉林，但是晓阳家祖祖辈辈都是朝鲜族人，并且也一直生活在朝鲜族聚居区，从小使用的语言大多是朝鲜语，中文能力尚有所欠缺，导致她在学习、人际适应等问题上，较其他汉族同学要花费更多时间。

晓阳在高中是佼佼者，到了大学却成了班级"吊车尾"，她的心理压力无形之中越来越大，直到消极情绪激增，她逐渐开始怀疑自己。如何帮助她更好地度过大学生活，更好适应语言习惯的转变，是一个并不简单且刻不容缓的问题。

案例分析

晓阳成长中遇到的主要问题有两点：一是由于自己的特殊性，在生活、学习中存在交流沟通障碍；二是对自己的期待较高，但实际能力不足，落差较大，导致自信心受挫。

通过对关键点的提炼可以发现，这个案例看似属于学生事务管理中的学习成绩、人际交往问题，实则属于心理问题引发的大学生思想认知问题，因此辅导员应格外注意对学生的心理疏导，防止引起学生的偏执行为。

一、关爱激励——开启心灵沟通的大门

得知晓阳的情况后，辅导员第一时间约她见面，并打破以往在办公室约谈的惯例，领着晓阳逛了逛校园，以到了饭点为由带她去西门吃了顿朝鲜特色料理，边吃边聊。最开

始,晓阳有些畏畏缩缩,但在说说笑笑中慢慢放下了戒备,推心置腹地告诉辅导员:"老师,我知道我脑子不差,但我总是觉得自己不行,对自己没有信心。"分别时,辅导员主动加了她的微信、QQ,在以后也通过朋友圈、QQ空间动态等,及时地全方位了解该生的思想动态。三天后,辅导员发现晓阳在朋友圈发了一条她高中时跳朝鲜族舞蹈的视频,并保存下来。

"峰岚杯"很快拉开了序幕,"峰岚杯"是展示学生才艺、树立自信心的好机会,辅导员及时地抓住了这个机会,又约晓阳吃了顿饭。在吃饭的时候,晓阳明显比上次要更爱说笑,并且也更加直爽活泼。吃到一半,辅导员看似无意地提醒:"晓阳,咱们'峰岚杯'要开始准备了,这可是一个重大赛事,老师看你在朋友圈发了跳朝鲜族舞蹈的视频,真漂亮。你愿意试试吗?"辅导员的话有意但不刻意,既传达了对晓阳的关爱,又帮助其加深了对自己的认识和自信。晓阳脸一红,点点头,小声说道:"好的,老师,我试试。"

二、榜样激励——架起朋辈互助的桥梁

通过暖心的关爱和激励,辅导员与晓阳建立了良好的师生关系,并时刻关注和了解她的学习与生活动态,想其所想,打开了她的心扉。

晓阳报名参加了学院的"峰岚杯"选拔,因为她极好的音乐韵律感和扎实的民族舞基础,在彩排过程中受到了老师的重视和周围同学的好评。晓阳很快也能抬起头,自信地和别人交流了。但是"峰岚杯"是个大型赛事,训练时间达到每天三小时以上,原本学习就比较吃力的晓阳,学习好像有些更吃力了,专业课老师也发现最近晓阳作业经常拖拉、交不上来,上课也不太专心。了解到这一情况后,辅导员给晓阳引荐了曾经参加过"峰岚杯",但合理安排时间,最终成功保研985重点高校的学姐,同时建议晓阳一定要多看、多听、多了解,真正找到自身学习和文艺工作的平衡点,并不断鼓励她勇敢与班级同学沟通,对于自己不懂、不会的问题勇于发问,在日常生活中锻炼自己的胆量。辅导员还充分发挥班干部的模范带头作用,安排性格温和、活泼开朗的班干部主动和晓阳接触,带动其融入班集体,跟上学习节奏,从同学一侧打破隔阂,打开沟通的闸门。

三、目标激励——激发积极向上的热情

为学生设立可实现的目标,可以充分调动其实现目标的积极性。对于晓阳来说,找到了自己的价值,对自己充满自信,已经是一大进步。但是对于低年级学生,找准自己的人生方向,树立自己的短期、中期、长期目标更是关键。辅导员在级队会上,生动地向学生介绍了各专业前景和本科期间科目安排,鼓励学生进行自我规划探索和目标设立。

晓阳在级队会之后主动跟辅导员进行了多次线上和线下沟通谈心,渐渐地,晓阳已经

不再是那个胆怯的小女孩,已经可以挺直腰板跟辅导员热烈讨论人生规划,已经成为风风火火地赶往排练场地的阳光女大学生了。在刚刚结束的期末考试中,晓阳的总排名也由年级第 14 名进步到第 5 名。

案例启示

面对晓阳这类少数民族大学生群体,我们需要总结以往经验,提升工作能力,及时从案例中获得启示。

一、深入学生内心,注重个体差异

对于思政工作者来说,总会遇到少数民族学生,他们并不特殊。但此类学生因教育背景和生活环境的不同,在学习工作、人际交往中都会面临各种问题,特别是当语言与民族习俗较为特殊时,教育引导的方式或与普通学生大为不同。在上大学以前,他们所处的环境几乎都是本民族中学教育,地域性和家庭个体差异也较小,然而进入大学后,语言、思维、习俗的固有模式受到冲击,环境变化大,适应能力受到挑战。首先,由于汉语水平较差,加之大学大部分课程有一定难度,可能出现掉队的现象。其次,思维模式不同,很难融入周围同学的圈子,加之本身性格内向,人际交往方面很可能会出现问题。最后,少数民族独有的习俗也会导致他们在大学生活中难以找到归属感,内心存在落差,沮丧情绪加深。

因此,在帮助少数民族学生弥补语言劣势、提高成绩的同时,更应该重点关注他们在人际关系、班级融入等方面存在的问题。鼓励少数民族学生主动出击,培养他们乐观、向上、自强、自尊的学习意识和生活态度。深入少数民族学生内心深处,关注每个学生的个性差异,帮助他们找到自身优点,增强抗挫折能力,促使其更好融入大学生活。

二、重视素质育人,发挥思政引导力

辅导员、班主任、导师、父母、朋友同学等组成全方位帮扶支持团队,打造思政"三全育人"体系格局,从全局出发思考构建育人模式,充分调动每份力量,打破传统面对面谈话形式,开辟辅导员工作新阵地;利用微信、QQ 等工具与学生及时沟通互动,关注学生动态,深入学生活动场所,全面掌握学生所思所想。建立与学生室友、家人、导师的互动交流机制,发挥育人作用最大化。

同时,强化学生综合素质教育。学习成绩仅仅是大学生活的一部分目标,大学生还需要更多提高自己的综合素质。一方面,每个学生的特长与优势不同,在自己更为擅长与感兴趣的领域可以更容易取得成绩,从而提高自信;另一方面,综合素质有利于学生在未来就业和创业中提升竞争优势,现今社会,仅仅学习成绩优异是不够的,情商、表达能力、体育特长、文艺特长也需全面发展。因此,可以充分发挥学生组织的互助作用,重视助班的评选质量,定期开展学子榜样报告会等活动。在学部(学院)建立优秀学子宣讲团,将学业

先锋、创业标兵、文艺骨干、学生工作达人等各类优秀学生资源整合,下发给各班级,促进全体同学共同学习其先进事迹。班级可根据自身需要,选择相应的宣讲团成员现场走进班内做报告,力争用标杆榜样引领学生全面发展、快乐成长。

三、丰富班级文化,搭建育人平台

对少数民族学生而言,人际关系不良往往会对其学习、生活带来负面效应。辅导员应注意加强班级、寝室的整体文化建设,积极开展班级互助活动,为少数民族学生营造良好的环境氛围,让他们感受集体归属感。

少数民族学生其实很多时候也迫切想要融入班集体圈子,但限于眼界、性格、思维、习俗等方面,总是不知道该从何入手。因此,可以尝试安排性格开朗、亲和力强的学生干部首先与少数民族学生建立密切联系,后由学生干部联动少数民族学生一起参与班级、寝室的其他活动中,向大家介绍其民族,帮助少数民族学生找到或创设出融入圈子的突破口。同时,可以建立相应的少数民族学生帮帮团,丰富学生日常学习生活的培训内容,除专业学习教育之外,突出强调人际关系、职业选择等方面的教育指导,开展少数民族学生关爱帮扶,建立全覆盖、全程化、发展性的辅导机制。

著名教育理论家苏霍姆林斯基说过:教师,是学生智力生活中的第一盏,继而也是最主要的一盏指路灯。学生工作者需要以爱感人、以情动人,方能于细微处体会到教育的真谛。

爱情花开，是幸福还是迷茫？

——少数民族新生大学情感调适案例

王凤楠

案例描述

学生小 L，男，2019 级学生，新疆籍，喜爱说唱，家庭经济条件一般，父母年龄偏大、文化水平不高。他从小在外地上学，与父母接触甚少，且较为叛逆，生活中的他有个性但自制力差，懒惰且拖延，爱玩游戏。小 L 前不久刚刚结束了一段校园恋爱，此后便陷入分手的困局中，一蹶不振。

大一上学期期中考试后，辅导员在梳理成绩时，发现小 L 成绩不佳，通过与班导生和班长的侧面交流，了解到小 L 前些时间刚结束一段校园恋爱，近期一度萎靡不振，于是辅导员计划与他进行一次谈话。

小 L 来到辅导员办公室，向老师们一一鞠躬问好，十分有礼貌，但可以看出小 L 的紧张和害怕。辅导员见状抓了一把桌子上的糖递给小 L。

辅导员（以下简称辅）：这是教师节你们送给老师的，味道很不错，你也尝尝。走，咱们去谈话室。

学生（以下简称学）：谢谢老师！

小 L 脸上露出了笑容，神态和动作也自然了不少。

看到小 L 的穿着打扮和发型，辅导员判断他应该喜欢嘻哈摇滚。

辅：你这个小头型很时髦呀，是不是叫那个……锡纸烫？

小 L 挠了挠头，有点害羞地笑了笑。

学：对，老师，这是我在家烫的，但是现在都说"渣男锡纸烫"，我打算过一段时间就把它剪了。

辅：你的穿着和我以前坑 Hip-hop 的同学很像，你也喜欢吗？

学：嗯嗯，是的，老师，我还加入了咱们学校的说唱社团呢！

通过简单的交流，小 L 的话匣子也打开了，辅导员感受到他的性格属于慢热型，因为与辅导员的年龄相差不大，熟悉环境之后的他，变得开朗健谈了许多，也很有自己的想法。

辅：我今天叫你来，主要是因为看到你最近的期中考试几门成绩不太理想，我看你每晚的自习都准时到教室，是你不太适应大学的教学模式，还是近期遇到了什么事情呢？

转入正题后，小 L 的情绪明显不如之前那番高涨，低下了头。

学：唉，都有吧，老师。

辅:那方便跟老师聊一聊吗? 我也希望能够尽我所能帮助到你。

学:老师,我有点不好意思,不知道您支不支持在大学里谈恋爱。

辅:这有什么不好意思的,你们现在正处于青春期,对恋爱有很强烈的好奇心理,再加上大学恋爱不像初中那样受老师和家长约束,这是很正常的现象,老师也谈过呢!

小L似乎放松了许多,开始向辅导员分享恋爱经历。

学:老师,我以为您会把我批评一顿呢,其实……我前段时间交了一个女朋友,是咱们学校的,但是没过多久就分手了,说实话,这件事对我打击挺大的,我觉得我的恋爱观都受到了冲击。

辅:这开学还不到两个月,你们是什么时候在一起的呀?

学:大概迎新晚会之后,我们俩都要上台表演节目,之后就加了微信,聊了一整晚,然后莫名其妙地就在一起了。

辅:意思是没有谁追求的谁,两情相悦是吗?

学:差不多是这个意思。

辅:那你们足够了解对方吗?

学:说实话,不够了解。

辅:那你喜欢她什么呢?

学:嗯……她长得很好看,唱歌也不错,那天晚上聊得挺开心的。

辅:那怎么分手了呢?

学:唉,在一起之后,我才知道,她异地恋分手没几天,失恋的情绪还在,根本不能跟我好好地谈恋爱,动不动就突然失落,让我很扫兴,并且她总是拿我跟她前男友比较,觉得我不够好。

辅:这么看来,女孩子的确存在一些问题,还有吗?

学:她喜欢参加学校的活动,也挺爱学习的,平时上课都喜欢坐前排。说实话,我是新疆内地班的,基础比同学们差很多,学习起来很吃力,坐前排对于我来说太煎熬了,我在努力跟上她的节奏,但是她还是觉得我笨。我喜欢的篮球和说唱,她也不是很感兴趣,那段时间我就没有接触过这些爱好了……

小L越说越激动,逐步宣泄心中的不满。

学:她生气,我也哄她,但是总是哄不到点上,越哄越生气,越来越没有话题可聊,都怪她太任性了,我感觉她就没有那么喜欢我,为什么还要跟我在一起? 后来过了一个国庆假期,异地了一段时间,我们几乎没有话说,再开学后,我们就分手了。

辅:分手之后你们还有联系吗?

学:几乎没有了。

辅:刚刚听了你跟老师说的话,首先我很高兴你可以这么坦诚地和老师倾诉、交流。在大学里,恋爱真的是一门学问,不得不承认,不论怎样,大家在开始谈恋爱时,首先看重的是对方的"颜值",这个老师可以理解。现在老师想问你一个问题,你觉得谈恋爱是三观重要还是五官重要?

学:老师,我现在认为还是三观更重要一点,起码两个人得合得来。

辅:那怎样才算合得来呢?

学：我觉得起码要互相了解吧。

辅：你说到点上了。你刚刚跟老师说，你们在一起时还不够相互了解，女孩子对你的兴趣爱好没那么感兴趣，至于连女孩子刚分手这件事你都不知道，就在一起了的话，你自己是不是也有责任呢？

学：老师，我们当时的确冲动了。

辅：你刚刚也跟老师说了很多，老师都听进去了。我感觉你现在对这个女孩子充满了不满，是这样吗？

小L沉默了一会，叹了口气。

学：有点吧！老师，这是我第一次谈恋爱。

辅：这个女孩子也的确有些问题。但是异地恋的女生一定是很缺少安全感的，老师想知道，得知女孩子刚分手很脆弱时，你是否给予了她更多的关心和照顾呢？

学：这个我的确有点大男子主义，光想着她跟她前男友的事情了。

辅：你看，你自己是不是也有些问题呀？那个女孩子学习很努力，成绩也很优秀，你是否足够努力跟上她的步伐呢？

学：老师，这方面我的确努力过，但是我都有点没自信了，感觉自己配不上她。

辅：那你觉得自己这么不好，当初对方怎么也会喜欢你呢？

学：可能她觉得我比较有个性吧。

辅：对呀，要知道你能被一个优秀的女孩子看上，说明你有你的闪光之处，你也是足够优秀的，只是你们擅长的方面不太一样罢了。

学：谢谢老师的肯定！

辅：那你有没有想过，为什么从谈恋爱开始，自己的成绩就不是很好呢？

学生思考了一会儿。

学：老师，我是新疆内地班的，基础不如其他同学。再加上谈恋爱的时候，我们经常吵架，我常常有情绪波动，一吵架就特别影响自己，什么都干不进去，更别提听课了。

辅：这个老师理解。关于学习的问题，老师想说，在大学里，谈恋爱只是一小部分，或者就是一个"插曲"，更主要的精力还是要放在学习上，如果因为恋爱影响学习，就本末倒置了。至于你的情绪波动问题，我认为是自控能力稍有欠缺，你吵架是不是爱钻牛角尖？

学：我是有点爱较真。

辅：我们都说恋爱平等，不过在老师看来啊，一段恋爱中，女生相对来说处于弱势地位，她们需要更多的关心和疼爱，有时候的小任性、小脾气的确在所难免，很多女生都有这种情况。这时候就需要男生更多的包容和耐心了，多退一步，早退一步，主动道个歉，别那么较真，给女孩子一个台阶下，毕竟女生脸皮薄，这都是恋爱的小技巧。

学：她任性起来，我确实缺了点耐心。

小L自责地低下了头。

辅：这样看来啊，两个人的感情问题是不是一个巴掌拍不响，没有完全的谁对谁错，双方多少都有需要改进的地方吧。

学：我觉得自己也没那么可怜了，还有很多地方需要成长。

辅：对呀，一段感情失败之后，有抱怨情绪是很正常的，不过事后呢，我们也要冷静下来好好想一想这件事情教会了我们什么,她又教会了你什么。

小 L 思考了一会。

学:嗯嗯,冷静下来想一想,其实这一个月除了吵架的不愉快,她还是带给我很多欢乐的,也让我学会了一些东西,起码我以后再谈恋爱,不能光看"颜值",要足够了解之后再下定论。

辅:对呀,其实遇见就是缘分。两个人在一起,避免不了磕磕绊绊,但每一次吵架也是磨平棱角的过程,也是你更进一步了解自己、认识对方的过程。所以,失恋并不可怕,谁都会有几段不成熟的恋爱,选择的同时也在放弃,放弃不是为了认输,而是为了更好地开始,你说对吗?

学:对!

辅:有首歌不是这么唱的吗,"我爱过你不后悔,也尊重故事的结尾",所以呀,过去的就让它过去,享受现在才是最重要的。如果你像现在一直这样萎靡不振下去,结果会怎么样呢?

学:会挂科,还会影响毕业吧?

辅:对的。之前我也说过,在大学里,除了恋爱,还有很多事情需要你去做,欠下的功课建议你列一个详细的清单进行学习,还可以参加一些竞赛,也可以考取一些证书,等等,其实你真正忙起来,也就没那么多工夫去想恋爱的事。所以你有没有想过之后努力的方向呢?

学:谢谢老师,我觉得学到很多。我想找时间跟这个女生道个歉,自己有很多不成熟的地方,多少也伤害到她了。之后我想好好赶一赶自己落下的功课,在社团里和学长学姐一起练练说唱、打打篮球。

辅:很好。单身倒是更加自由了哦! 先给自己定一个小目标吧,老师监督你去完成。

学:那就本学期不挂科吧,我会努力的!

辅:太棒了,那看你表现喽! 此外,你说的打篮球,这很好,锻炼身体,身体健康是第一位的,别让惰性伤害了自己。通过上段感情,你也应该发现自身优秀很重要,"物以类聚,人以群分",你是什么样的人,以后就会吸引什么样的人。

小 L 看着辅导员,一直在点头。

辅:以后谈恋爱的话,一定要找三观一致、兴趣相投的,互相学习、互相进步、互相督促。你现在才大一,还有很多事情要去做、去锻炼、去收获! 今天就到这里吧,今天起,就要告别过去,从"心"出发了!

学:谢谢老师,我会加油的!

聊天过后,辅导员联系到班级的班长、学习委员和心理委员,要求他们关注小 L 的学习状态及思想状态,在班级组织的一些活动中,多带动、多鼓励。辅导员每周也通过微信和走访寝室的形式与小 L 进行互动,关注学生的心理动态变化。

两个月后,小 L 出现在学院元旦晚会的舞台上,自信地在台上开始自己的说唱表演。三个月后,期末成绩公示,小 L 零挂科。四个月后的线上云班会,小 L 自信地进行才艺表演,说自己宅在家里,练就了一身大厨级水平的厨艺,开学后的班内活动中还要给大家做大盘鸡吃。

案例分析

一、谈话思路分析

　　首先应明确谈话目的：了解和掌握学生目前对于这段恋爱的真实想法和现实状态；与学生共同寻根溯源，分析感情失败的原因；鼓励学生换角度思考问题，并给予适当的情感建议，引导学生树立健康、正确的恋爱观；在学业发展和自身规划方面，引导学生正确处理爱情和学业之间的关系，给予学生实际方法的指导，摆正努力方向，指导学生制订短期学业计划。

　　谈话聚焦于解决大学生初恋受挫后因无法有效调节身心状况而引起的心理波动。定位谈话的目的是让学生正确、理性地对待失恋问题，改变自己不合理的认知，并最终鼓励学生以宽容的胸襟对待他人，珍惜当下，告别过去，不再碌碌无为。首先是建立信任。保持话题私密性，谈话开始就让学生感受到辅导员的真诚、理解和关心，与学生建立起朋友般的信任关系。其次应引导学生主动宣泄，认真倾听，并从中获得有效信息。再其次是共同商讨，引导学生寻找并明确失恋的正确归因，改变自身存在的不合理认知。最后，制订计划。在学生能够冷静、客观看待失恋问题后，鼓励其面对现实，提出建议，帮助其下定决心，做出正确选择并引导制订短期计划，走出困境。

二、谈话方法分析

　　1.充分尊重，促进共情。当学生试探性地说出"恋爱"这个词时，辅导员要给予充分的理解和尊重，解除学生顾虑，减轻学生心理压力，做到设身处地为学生着想，并让学生感受到这种一对一的关注，建立起平等的互动关系，促进共情，为后续引导学生宣泄情绪、启发主体意识做准备。

　　2.认真倾听，引导释放。在谈话过程中，不论学生的年龄、思想、情感、行为经历怎样，都要发自内心感受对方的价值，引导学生排解宣泄，并认真倾听进而捕捉关键核心信息。

　　3.逐层发问，共商共论。当局者迷，要引导学生主动倾诉，自发认识到受情感因素影响的认知偏差，集中点有二：一是自己的无能，如"我感觉自己配不上他"；二是因对方而愤愤不平，如"都怪他太任性了"。基于学生的实际情况，辅导员引导发问，与学生共同分析原因。如："那你觉得自己这么不好，当初对方怎么也会喜欢你呢？""那如果你像现在这样一直萎靡不振下去，结果又会怎么样呢？"辅导员要帮助学生逐步发现自身的问题，辩证地看待失恋，分析导致失恋的原因。

　　4.借用案例，辅助疏导。谈话过程中，辅导员要注重沟通用语的方式，不要一味地讲大道理、灌鸡汤，要善于结合真实发生的案例。以打比方、做比较等方式，让学生在短时间内理解并吸收谈话重点。本案例中，辅导员借用自己和身边女生的例子，多角度对学生展开疏导，提升学生直观感受，增强可信性，拉近师生距离。

5.聚焦改变,合理规划。在学生能够冷静客观看待失恋问题后,建议学生适当改变生活方式,引导其合理宣泄情绪,适度调整计划安排,如:练说唱、打篮球、制订短期学习计划和目标等,改善身心状态,充分发挥个体的主观积极性和主动性。

三、谈话辅助分析

1.多方咨询,充分准备。谈话前向班导生和班长了解学生日常情况及学习状态,查询学生基本信息资料,提前为学生“画像”,上网查询相关案例,做好充分的谈话准备。

2.营造氛围,解锁话题。由于本案例涉及的问题较为私密,首先要营造温馨的谈话氛围,让学生卸下“包袱”。辅导员利用准备好的糖果和较为私密的谈话室,以及根据学生穿着打扮判断出的兴趣喜好,在一定程度上解锁话题、拉近距离。

3.挖掘班级资源,加强自信训练。辅导员联系到班级的班长、学习委员和心理委员,要求他们关注小 L 的学习及思想状态,在班级组织活动中,多多带动,增强自信,帮助他融入班级,并尽可能为他提供展示机会,及时鼓励赞扬。

4.利用碎片时间,巩固谈话成果。辅导员每周通过微信和走寝等方式与小 L 互动,利用一切可以捕捉的碎片化时间了解学生,关注学生的心理动态。

案例启示

1.加强学生干部培训,建立畅通的信息反馈机制。本案例中,辅导员根据学生成绩不佳,进而挖掘出学生因失恋而萎靡不振,且这个状态已经维持了一段时间,但如果能够早一点通过学生干部的讨论反馈,了解到学生的真实情况,对学生造成的心理伤害会减少,谈心谈话的效果也会更佳。在平时的生活和学习中,辅导员要注重对学生干部及时汇报、主动沟通意识的培养;鼓励学生干部学习和掌握心理学方面的专业知识,一方面可以自我提升,另一方面也能及时发现同学中存在的问题并给予帮助;完善和畅通学生干部、辅导员、主管副书记、学校心理咨询中心之间的交流反馈机制,时刻掌握学生思想动态,发现问题立即解决。

2.认真倾听思考,建立良性咨询关系。让来访者充分表达,是心理咨询的基本原则。学生走进咨询室,多少会存在防御心理,他们会选择性忽视甚至“美化”遇到的问题,辅导员则应做到倾听、理解、共情、陪伴和支持。在谈心谈话过程中,辅导员一定要做到有耐心,没有耐心则听不到真话。在学生抒发自己的情绪时,不论他说的对与错,他的价值观正与歪,都要尊重学生,不要立即打断甚至否定,更不要因为学生不听劝而产生急躁情绪,不要把自己的思想强加给学生,否则师生之间就会慢慢产生隔阂,要学会全方位、多角度思考问题,找好切入点,把主动权和话语权交给学生,引导学生做出正确选择。

突发状况下的意外"收获"
——学业问题学生工作案例

郭 帅

案 例 描 述

一、学生基本情况

小宇是一名来自湖南湘潭的学生,性格偏内向,不善言谈,据他的妈妈反映,该生高中时的班主任因事务处理不当,让其感受到被针对。入学后,同学反映该生逐渐开始逃课上网吧,不注重个人卫生,头发散乱,呈现出自暴自弃、无可救药的状态。因未到期中考试,其学习和生活状态很难引起辅导员的注意,经"网吧事件"了解到该生其他方面的不良状况,及时开展谈心谈话。该生虽在大一上学期期末考试中有四门挂科,但其学习态度已基本改善,与退学警告"擦肩而过"。

二、工作开展目的

通过谈话引导学生遵守校规校纪,明示严禁夜不归寝去网吧打游戏;端正其学习态度,使之认识到不重视学习的后果,及时止损,亡羊补牢,重拾对大学学习生活的信心;改变颓废、自暴自弃的状态,通过努力获得崭新的生活状态,守住按时毕业的底线。

三、工作开展过程

(一)现场"抓包"

2019 年 11 月 11 日晚,某班班长电话告知辅导员郭老师,该班小宇同学不在寝室,且电话告知他今晚不回寝室,已退出班级、级队、寝室群聊组,并拉黑了班长。缺乏经验的郭老师惊出了一身冷汗,预感可能"大事不妙",紧急和另一位资深辅导员张老师通话,经张老师指导迅速与家长取得联系并告知其基本状况,随后与小宇同学取得电话联系。

辅:喂,小宇,你在哪呢?我查寝发现你不在寝室啊?

此时辅导员为避免小宇"记恨"班长将其不在寝情况告知辅导员,特向其交代是辅导员主动查寝发现。

小宇:(声音嘈杂)哦,我在外边。

辅:我知道你在外边,你赶紧回来吧,楼下大爷快关门了,你现在在哪呢?

小宇:(声音嘈杂)……

辅:你先回来吧,不然楼下关门你就回不来了,好不好?

此时辅导员已判断出学生所在地点,寄希望于小宇能够迷途知返,放下手中的游戏,尽快返回寝室,但交流中怕刺激小宇的情绪,并未提及夜不归寝的校规校纪处分问题,尽量秉持"好说好商量"的沟通策略,不带说教或训斥意味,尽量使用关心关怀语气,消除隔阂,拉近距离。

小宇:(声音嘈杂)我不回去了,就这样,额,嗯……

电话挂断了。郭老师已基本确定小宇在网吧,但学校周围网吧较多,为进一步了解情况,他与寝室同学反复确定,锁定其大概率所在地点并迅速赶往,发现小宇在电脑桌前,沉迷在鼠标移动和键盘的敲击声中。辅导员站在他的身后,从他面露尴尬的表情可知他显然发现了这一状况,但他却依然淡定地与游戏中的队友"交流战术"。当小宇再一次在游戏中"阵亡"时,辅导员开始了劝导。

辅:小宇,走吧,别玩了,时间挺晚了,跟我回寝室吧。

小宇:……

辅:你不回去,打算在这玩一晚上吗?

小宇:我先不回去。

辅:这样吧,你先跟我回寝室,你要是想玩,等明天没课的时候再来,行不行?

小宇:……

虽然小宇仍然无动于衷,但从他闪烁的眼神中辅导员知道他动摇了,于是辅导员坐在旁边的椅子上,陪着小宇一起打游戏,就这样半个小时后,小宇尴尬地结束了游戏,显然今晚包宿的美梦已不会成真。两个人一前一后沉默地返回寝室。

(二)寒风中的交谈

到了五食堂附近,小宇放慢了脚步,辅导员能感受到他并不是真正地自我放逐,或许一场面对面的交流在所难免。

小宇:(微笑着)有没有一种办法能不学习就正常毕业?

辅:你觉得可能吗?

小宇:(微笑着)那就没招了。

辅:你就想这种状态一直持续下去?

小宇:(微笑着)我就想堕落。

辅:你知道后果吗?

小宇:不知道。

辅:你现在这个状态持续下去,还谈什么毕业?开国际玩笑!咱们现在有退学警告政策,你每个学期拿不到15个学分就拿一次退学警告,两个退学警告你就无条件回家了,换句话说,你这个状态持续下去,顶多就玩两个学期。

小宇:是吗?还有退学警告?

辅：嗯，你连基本政策都不了解，你是咋想的？还说想堕落下去，你图啥？

小宇：就是不爱学，学不进去啊，就这样堕落挺好。

辅：小宇，是这样，每个人对于自己的大学都有不一样的规划、不一样的追求，不管你未来有什么打算，起码你得守住能正常毕业的底线，不然你来这干什么？哪怕你平时玩游戏，但是期末考试都能及格，四年之后能正常毕业也行，这就看你自己对自己的定位，只不过当你回顾本科四年可能比较枯燥而已，除了打游戏啥也没干……

小宇：怎么才能不拿学业警告呢？

说到这里，辅导员终于松了一口气，（想）看来小宇并没有放弃自己，即使他的大学四年真的如辅导员所说都在游戏中度过，但能正常毕业的话，也算是没有白来一次，因为你没法叫醒一个装睡的人，每个人都有自己的追求，辅导员能做的可能也就是辅助他在本科四年时间里朝着正确的方向前进，至于以后以及未来，只能交给时间。

辅：你现在可能工程数学、线性代数欠得比较多，这两门也不太好赶，你先确保其他课程及格，先把精力放在其他课程上，从明天开始别逃课，如果想玩游戏就趁着没课时间去，另外咱俩也做个约定，晚上绝不能再去网吧了，行不行？

小宇：嗯，可以。

辅：你呢，对自己也有点信心，摆平目前这些课程就看你想不想，没有能不能，工程数学和线性代数可以战略性"放弃"，你假期好好看一看，看题库然后看知识点再做题，有针对性地练习，"投机取巧"一点说，及格应该问题不大吧。

小宇：嗯，不知道啊，我试试吧。

辅：你先别不去上课，大学里平时分也很关键，平时分到手，然后再多做做题。你现在肯定有很多不会的，别着急，慢慢来，把简单的科目先整明白。

小宇：嗯，好像有题库什么的。

辅：另外，你这两天有时间去剪剪头发，你看你头发都多长了，到眉毛了，是不是好几天没洗了？这都反光了。

小宇：嗯，一直没剪。

辅：稍微收拾收拾，我看你寝室你那块也不太干净，回去收拾收拾，行不行？

小宇：啊，我有时间去剪头。

就这样结束了寒风中将近一个小时的"朋友"谈话，辅导员也不知道小宇会不会说到做到，但辅导员尽量以学长、朋友的角度去交流，没有训斥、没有大道理、没有冷冰冰的威严和处理，抹平身份的鸿沟，以解决现实问题的态度去交流。当在楼道分别时，时间已是凌晨 1 点。

（三）逐渐向好

三天后的一次晚上随机走寝，辅导员在寝室看到了刚刚洗完澡回寝室的小宇，惊喜地发现小宇不仅剪了头发，还烫了个头，整个人的精神状态好了很多。交谈中小宇表示自己不再逃课，辅导员发觉一切都在向好的方向发展，且不问未来，眼前已有希望。

辅导员私下通过班长、学习委员、寝室室友及平时查课了解，均反馈小宇基本没有逃课，晚上也没出现夜不归寝情况，只不过有时白天没课时可能去了网吧，细想一下，让小宇彻底和网吧拜拜显然也是天方夜谭，不逃课、不包宿也是一种"底线"。

两周后,临近 12 月,辅导员再次找小宇到办公室谈话,小宇手里拿着工程数学和线性代数的题库,虽然还是一片空白,但看到小宇有自我挽回、自我拯救的意愿,辅导员感到十分欣慰,但他知道,因前期不认真学习甚至旷课,小宇的工程数学和线性代数可能很难及格,但只要小宇心中有盼头,一切都还为时未晚。

大一上学期期末考试成绩公布后,辅导员发现小宇有四门科目不及格,其中分别为工程数学、线性代数、大学计算机基础和军事理论教程,其中大学计算机基础 55 分。假期辅导员分别和小宇及其妈妈联系沟通情况,督促小宇确保在补考中把大学计算机基础和军事理论教程通过,争取工程数学和线性代数"保一争二",小宇妈妈也通过微信发来小宇在家中与家人和睦相处的照片,并真诚感叹小宇变化很大,在家长的感激和勉励下,辅导员深知,未来四年,小宇还要面对更多未知的困难……

案例分析

作为刚入职半年的兼职辅导员,在工作技巧方面常常因经验不足而无从下手,因此在面对问题学生时,除牢记工作原则,只能带着一颗真诚、平等、关怀、一视同仁的心去面对,在谈话中总结,在总结中成长。

一、谈话思路分析

1. 小宇的问题是意外发现的,具有一定的突发性,不适合太多"准备性"语言,就事论事的效果会更好。一方面"威逼利诱",监管其减少外出去网吧次数;另一方面设法引导其认识到混日子的严重性,以非教育手段激发其学习动力。

2. 在谈话和相处中,辅导员始终以学长和朋友的身份去交流,没有大道理、没有训斥、没有歧视、没有官话和套话,以解决实际问题的态度去面对,谈话场所和时间也更加随机,在办公室、在寝室、在路上,哪怕是一句问候,也能让其感受到辅导员对其莫大的重视。

3. 施策过程始终秉持"底线思维",对小宇来说,即使门门 60 分也是"皆大欢喜",正确认识引导其勾勒出丰富多彩、有滋有味、充满意义的大学蓝图不是一蹴而就的,恐需长期引导。而当下对小宇来说,能顺利毕业,拿到毕业证,力争经过改善而获得不被落下的视觉平衡,突出大学学历对其现有情况的切实吸引或成为最适合该生当前最为直接的引导要素。注意在谈话中不画大饼、不问未来、立足当下。

二、谈话方法分析

1. 对小宇来说,最大的问题是重拾学习自信。前期的荒废,导致其在面对工程数学、线性代数等重难点科目时"赶鸭子上架"。辅导员根据自己本科期间学习经验进行判断,指导小宇把主要精力放在相对容易通过的科目上,先最大限度地获得学分,避免学业警告。而且一两次尝试成功后,能让小宇增加信心,减轻重难点科目的无形压力。在个别科目成绩公布后,给予及时的鼓励和表扬,逐渐引导小宇提高学习认识、提升学习自信。

2.家校联动是关键要素。学校及时定时与学生家长沟通,确保家长对学生情况知情知晓。联合家长做好学生心理压力疏导,让学生的心回归家庭,让家庭成为学生的港湾。

三、谈话辅助分析

1.充分了解学生日常学习、生活情况,通过班级同学和学生干部结合查课、查寝等多种渠道监督和观测学生,确保谈话前手中有"料",及时调整每次谈话目标。

2.把握节奏,谈话精简有效,不对学生附加过大压力,递进式启发,避免"灵魂拷问"的生硬,同时避免"沉默是金"的尴尬,尽量营造温馨温暖的共情氛围。

案例启示

1.逐步提高在学生个体发展和生涯规划建设上的分类指导。近年来,因学生心理问题的激增,大中小学思政工作均面临着严肃的考验和巨大挑战。学生类型千差万别,教育环境错综复杂,青少年心理工作对开展工作的人和实施方法的要求越来越精细,社会期待越来越高,专业性和个体性凸显。在大学阶段,往往从新生入学到毕业,学生始终享受"一视同仁"的平台化培养模式,优秀的学生也越发雷同,人才塑造犹如机器模型,然而现实情况是"不是每一个士兵都能成为将军",存在学业问题和其他问题的学生被"一视同仁"后,恰恰导致了因人而异、因材施教的教育原则的错位。在集体成长培养中,往往目标过高,超过了部分学生的能力实际,学业问题学生在周围"较好"的学风压力下,自卑、自闭特点逐渐呈现,极易形成破罐子破摔、自暴自弃的极端思想和行为。应有针对性地开展对学业问题学生切实可行、契合实际的职业生涯规划教育。

2.学业问题不同于普通挂科,只要努力就可自行解决。学业问题学生经常伴随性格、人格、发展综合问题等心理问题,需要长期的影响和干预,包括一对一学业指导窗口等的集中辅导,才能有效帮扶此类学生的实际困难。

青春之惑，谁是关键？

——大学生情感挫折工作案例

宗　伟

案例描述

小海，男，满族，2013 年 9 月考入化学工程与工艺专业。大一刚入学，小海与大多数新生一样，对大学生活充满好奇。相对于紧张、枯燥的高中生活，大学里充满了自由的气息。小海性格外向开朗，又喜欢音乐，弹得一手好吉他。开学不久，他报名参加了很多社团。社团中有来自五湖四海的志趣相投的同学，大家经常一起交流共同的兴趣爱好，社长也组织了很多丰富多彩的团建活动。某社团有一位女同学与小海渐渐熟络，两人无话不谈，感情迅速升温，不久后正式发展为男女朋友关系。恋爱初期，两人约定要共同努力，一起进步，每天早起去教室占座预习，晚上去图书馆复习，大学生活是那么和谐美好。

然而，在入学后的第一次期中考试中，小海工程数学挂科了，女朋友的成绩也不是很好。小海的辅导员对此很是不解，耐心地与其交流，共同分析原因。小海给出的理由是：这些知识是高中没有接触过的，自己的基础薄弱，很多知识点有所欠缺，考试前已经尽力弥补，但时间太紧，还未来得及补全。渐渐地，辅导员从周围同学处了解到，小海在看似"勤奋"自习的过程中并没有专心学习，而是经常与女友聊天，共同注册网络游戏账号，还不时离开教室购买零食水果。辅导员委婉地劝说小海不要因沉迷恋爱而耽误学习，然而小海不以为然，直言自己已经是成年人了，可以做好感情和学业之间的平衡，不需要辅导员过多操心。

大二上学期，小海女友因性格不合向其提出分手。这个消息对于小海来说犹如晴天霹雳，尽力挽回未果后，悲伤欲绝的他便开始自暴自弃，连续一星期没去上课，辅导员查寝时他以自己生病为由极力辩解。同时，他开始大量吸烟、酗酒，室友也对他多次劝解，但没有任何实际效果。然而面对辅导员，小海却表现出阳光积极的一面，承诺会努力学习，但他的大部分时间都给了业余爱好，从此不在课堂上出现，每天凌晨 3 点睡，中午 11 点起，终日沉迷于游戏，多门考试不及格。最终，小海因未修够相应的学分，被给予学业警告处分。辅导员将小海父母请到学校，与他们详细交流并商量对策。当小海看到父母因他的学业问题惊慌忧虑，甚至母亲焦急地流下泪水时，内心受到了极大触动，他开始痛定思痛，希望改正自己犯下的错误。但由于所欠学分太多,他最终也只能延期毕业两年,修够学分后才拿到毕业证书和学位证书。

案例分析

小海的案例是非常典型的青春期感情和学业失衡问题。突出表现为在感情和学业上不能合理平衡,往往由于情感波动自怨自艾、自暴自弃,影响个人学业。究其根本,是由于高中阶段缺少对青少年感情认知的成长教育,而青少年又对恋爱充满向往,导致在感情中一旦遭遇挫折,心理便不能承受打击,或逃避,或放纵,或选择一种不适宜的方式来宣泄内心情绪。青少年的三观并没有完全建立稳固,对个人的把控不够全面,往往就会出现"牵一发而动全身"的情况,局部的情感崩塌导致人的状态全面塌陷。

在此案例中,辅导员在与小海初次沟通时,小海刻意隐藏个人真实的状态,说明小海对辅导员的引导和帮助产生抗拒,对辅导员并不能完全信任。这个时候需要辅导员巧妙运用沟通技巧或者通过共情等方式,取得学生的信任,掌握学生的真实状态,来达到教育效果。在与学生谈心谈话之后,辅导员要对学生进行一段时间的观察,通过周围同学的反馈,了解学生状态是否发生改变,对学生的观察需要持续一段时间,不能被学生"三分钟热度"的状态蒙蔽,真正的改变一定是缓慢而循序渐进的。

同时,不难发现,在对学生教育的过程中,家庭始终发挥着至关重要的作用。在此案例中,小海的改变很大程度来自母亲行为对其的触动,父母对子女的影响是深远的。辅导员要与学生家庭建立必要的联系,形成家校合力。在某些领域,辅导员的引导呈无效状态时,需要来自学生家庭的帮助。学生对于父母的天然依赖性,使得在某些方面,家长的话语比辅导员更具有权威性和信服力。

案例启示

对于感情和学业不能很好兼顾的学生,学校和家长要对其重点关注,尤其是辅导员更要对学生的情感状况实时了解。在情感问题方面,大学以前,学生的主要精力投入在备战高考,学生没有任何情感经验,教导学生如何爱自己和爱他人的任务基本都由家庭承担,而大部分家庭对于学生的全面教育是缺失的。进入大学,不再对情感问题进行限制,一旦出现情感问题,辅导员应及时正向指引,与学生深入沟通,调节学生心理,了解学生内心真实的想法,不被表象所迷惑。同时,辅导员还要注意方式方法,不让学生对自己的说教产生反感情绪,产生无效沟通。另外,辅导员还应与家长多进行沟通,了解学生成长的原生家庭环境,对学生的性格有更全面的了解,并且将学生在学校的学习生活表现与家长交流共话,协商出合理有效的教育策略。

青少年学生情感问题不应局限于学生朋辈之间的关怀和引导,情感问题较为复杂,极容易衍生出其他突发状况,在该领域辅导员应当多下功夫。作为辅导员,本身应具有正确的爱情观和恋爱观,这是一切工作的基础。同时要想解决情感问题,最有效的办法就是用感情——"晓之以理,动之以情"。功夫用在平时,在日常管理中,辅导员应多与学生接触,加深了解、增进指导,及时掌握学生心理状态并予以调解,真正成为学生的知心人、最信赖的人。情感问题是青少年学生中最常见也是较难处理的问题,各种状况层出不穷,辅导员本身也需要不断学习、提高,完善个人心理咨询和指导技能,才能更好面对学生的情感问题和其他困惑。

"喂食式"如何适应"放养式"？

——大一新生适应力调节工作案例

杨　景

案例描述

学生小一，女，2019级学生。该生在大学前从未有过集体生活，父母对她比较娇惯，任何事情都会为她安排好，不用她动手，导致她生活自理能力较差，对饮食十分挑剔。该生自尊心很强，很想证明自己的能力，但心理承受能力很差，敏感多疑。刚入学时，担任班级临时负责人。曾在军训训练时被教官说了几句，觉得自己给班级抹黑，压力太大，请过半天假调适自己。在军训结束后班级内竞选班长失败，对她的打击很大。

2019年10月，小一因长时间失眠和长时间不吃东西，导致精神状况很差，身体也很虚弱，思维逻辑出现混乱。小一的室友看到她这种情况，想到之前参观过学校心理中心，可能会解决小一的问题，恰好又离寝室很近，就把小一送到心理中心。辅导员接到心理中心电话，赶到心理中心，把小一接回寝室并给买了吃的、喝的，开始和小一交流。

辅导员（以下简称辅）：小一，饭菜还合胃口吗？

小一（以下简称学）：还行吧，来了大连之后，就没吃到什么合口味的饭菜。

辅：你一般都去哪里吃饭呀？

学：上课时间比较紧，一般都去食堂和西门附近。

辅：咱们学校有好几个食堂，饭菜你都不是很喜欢吗？

学：食堂饭菜太油了，我只能勉强吃几口西红柿炒鸡蛋，其他的就不行了。

辅：给你买的水可能比较凉，我去给你接点热水吧。

辅导员给小一接了热水，回到寝室，发现她已经不吃了。

辅：你不再多吃一点吗？看你瘦的，脸都比开学的时候小了一圈啦。

学：吃不下了，不想吃了。

辅：那你能跟老师说说，你为什么身体这么虚弱吗？老师很关心你，你身体不好的话，上课的状态也不会很好的。

学：老师，我一直在失眠，失眠很久了，一直睡不好，也吃不好。

辅：那你为什么睡不着呢？能跟老师说说吗？

学：高数课程太难了，我要好好学，快期中考试了，我事情还特别多，每天睡觉的时候都在想这些事情。

辅:那你都有哪些事情呢?

学:我副部会让我做一些事情。

辅:你有几个部门啊,副部都让你做些什么呀?

学:我也说不清楚,我很混乱。

辅:那还有别的原因让你失眠或者吃不下吗?

学:作为学新闻的学生,我看到抖音还有一些别的平台仅仅因为一些人的评论和曝光就毁掉了一个人,我很难过。

辅:这些人的评论和曝光是针对你或者你喜欢的人的吗?

学:我就是看到这种情况很难过。

辅:涉及你或者你喜欢的人了吗?

学:我说不清楚。

辅:还有别的吗?

学:我在咖啡厅自习的时候,不知道为什么对面有人要拿手机对着我,我不知道他们为什么要那样。

学生边说边摆出拿手机的姿势。

辅:你是觉得他们在偷拍你吗?

学:我不知道。还有人一直在跟着我,我往哪里走他们就往哪里走。

辅:那这些人你认识吗?

学:我不认识。还有些同学,他们明明在聊天,我一靠近他们就不说话了,我不知道为什么。

辅:那你觉得他们为什么这样呢?

学:可能是在议论我吧。

辅:你有没有想过可能是你考虑得有些多呢? 有可能大家都是善意的呀。

学:我不知道。

辅:那你平时跟谁聊天比较多呀?

学:一个研究生学姐,我们是一个地方的,她很好。老师,我下午还有课,我要去上课。

辅:这样吧,你看你身体这么虚弱,现在最重要的是要好好休息,把身体养好才有精神好好学习,对不对? 你今天的任务就是好好休息,我帮你请个假,你好好睡一觉,什么都别想,好吗?

学:那好吧。

在学生睡觉时,辅导员联系了家长,向家长说明了情况,让家长立刻来学校,因为学生已经出现了一些思维逻辑混乱、被迫害妄想的症状,需要家长知情。同时也让家长不要告诉学生,到了之后就跟学生说正好这几天放假,来看看她,顺便来大连玩几天,给学生一个惊喜。

同时,辅导员找到学生的室友小婷了解情况,因为小一和小婷比较亲近。据小婷说,小一近段时间精神状态都很差,也不睡觉,吃饭也很少,她说的那些同学背地里说她或者有人跟踪她、偷拍她的情况都不存在,是她自己想得比较多。她们寝室成员的关系就是四个人都比较独立,不算很差,但也不太亲密。

　　家长到了之后,了解了相关情况。家长表示,学生从小到大都没离开过自己身边,适应能力很差,吃的不合胃口,可能就导致身体比较差,精神方面也是绷得太紧了,给了自己太大压力。家长和辅导员商量之后,准备给学生请十天假,回家休养一下,顺便看看医生。

　　十天之后,家长带着学生回到了学校,并表示要在学校附近租个房子,陪读一学期,给学生做点合口的饭菜,让学生尽快适应大学生活,也给学生一个过渡期。适应得差不多了家长再离开。家长也带学生去医院检查了一下,开了些有助于睡眠的药。

　　家长带学生返校后,找到辅导员。

　　辅:身体好些了吗? 我看面色都红润了不少啊,真不错。

　　学生笑着说:"嘿嘿,好多了。"

　　学生脸上笑容多了很多,看起来开朗了不少。

　　辅:你之前不是担心高数期中考试吗? 不用担心,期中考试没有你想的那么重要,之后一定要好好吃饭,吃饱饱才有力气好好学习,才能学好高数,对不对?

　　学:嗯嗯。

　　辅:之后上课呀,吃饭呀,多跟室友同学一起去,别自己单独行动,大家一起聊一聊学习啊,生活啊,会开心不少的。有什么不开心的也可以和老师说。

　　学:嗯嗯,我知道。

　　辅:还是要强调好好吃饭呀,你每天那么多课程,还有部门工作、社团活动,一定得好好吃饭,爸爸妈妈不是来陪你吗,想吃什么,就让他们给你做,好好吃饭,好好休息。

　　学:好的,谢谢老师。

　　辅:你一定要知道一件事,你才刚读大学,要有一个适应的过程,不要对自己太严格。有些事情承受不了,就要放掉一部分,这个东西要自己调整。你现在就要自己去感受,你承受能力的最大限度是在哪,多了承受不了,你就撤掉一部分,也要知道,身体是最重要的。

　　学:嗯嗯,我明白了!

　　辅:以后有不开心的事情了,跟我说,或者跟爸爸妈妈说,一定别放在心里。我就住在你楼下,随时都可以找我,爸妈也来陪你啦,多幸福! 学习上吃力的多和同学啊,你们班级学委啊,讨论讨论,大家都会很乐意帮助你的。而且,文科生嘛,高数的学习对于咱们肯定是有一定难度的,很正常,别太过于担心,慢慢来,你一定没问题!

　　学:好的,老师,我一定努力,您放心。

　　这一次交谈结束之后,辅导员也在一直通过班级干部和小一的室友关注着小一的日常生活。高数期中考试,小一考了 11 分,怕小一心理负担太重,再次与其沟通。

　　辅:最近自己觉得怎么样呀?

　　学:还行,高数还是挺吃力。但是好像大家都这样。

　　辅:那其他科目呢? 我看你们有几门课要结课考试了呀。

　　学:对,还行。我有时候还是会犯困,但是都在准备了,感觉还可以。

　　辅:嗯嗯,只要稍微准备准备,都不会有太大问题,把心态放平就可以啦。高数期中考试其实也不是特别特别重要,别把这次的结果太放在心上。对最后的成绩影响不大,最重要的还是期末的那次考试。当然,期末的考试老师出题也不会特别难。

学:嗯嗯,高数确实是挺难的,有一些题目的步骤什么的。

辅:嗯,现在同学们普遍反映都挺难的,不是就你一个人,所以就不用太担心,也不用太害怕。最近身体感觉怎么样呀?

学;还是感觉自己有点虚,腿有时候会发软。

辅:最近都跟爸妈一起住吗? 感觉怎么样呀? 开心吗?

学:挺好的,蛮开心的。我也经常回寝室住,大家都很好,寝室同学关系也不错。

辅:吃饭什么的呢?

学:还是吃家里的饭,就是我爸妈做的,我爸爸做饭很好吃。我们还想请同学来家里吃饭,但是最近在考试,还没有时间。

辅:最近状态怎么样呀?

学:还是会有一些害怕。

辅:嗯? 害怕什么呀?

学:就是一些作业什么的,写不完就觉得很着急,但是我做得又很慢。其他就没什么了。

辅:那跟同学相处得怎么样了呢?

学:挺好的呀,班级里面的同学都挺好的,社团里大家对我也都挺好的。

辅:从你说话和态度来看,最近状态真不错! 心情也好了很多。

学:是啊,最近也在好好学习,怕有的课程过不了。

辅:不会的,有些人挂科是因为从始至终都没好好学习,你的学习态度很端正,学习非常认真,一定都能过的,没问题的。我查课的时候看你每次上课都坐在前几排,听得也很认真,肯定能行。那你觉得高数有些吃力之后,有想过解决办法吗?

学:网上有那种网课,我一直在跟。还会问问同学。

辅:那挺好的。看来最近你过得很充实呀,身体也好多了,脸都圆了一些了。

学:是啊,我胖了很多。

辅:没有,你太瘦了,胖点好! 真的,别给自己太大压力,你这状态真挺好的。继续保持,就别把事情放心里,有什么事情可以讲出来。在你觉得自己状态还不错的时候,想学习的时候,就多学习会儿;如果就觉得非常困,那就休息休息,别绷得太紧。

学:嗯嗯,我明白。

辅:当然,你也要学着自己慢慢去适应,可以去食堂吃吃看有没有什么自己喜欢的菜呀,以后可以去尝试一下,对吧。学习呢,也是一个慢慢的、循序渐进的过程,慢慢来,就怕你给自己太大压力。

学:我就想把每科都学得特别好,但是好像不太可能。

辅:因为时间是有限的,你还要参加很多活动。就比如说高数这样的课程,可能平时就需要很多时间花在上面,比如说"新闻学理论"之类的课程上课好好听,平时可以不放太多精力,但是考试之前要拿出一定的时间去复习巩固。每一门课程都有每一门课程的技巧,你要找到那个技巧,让自己用一种最省力但又最有效的方式去学习这个课程。

学:嗯嗯,好的。老师,谢谢您。

辅:没事,以后学习啊,生活啊,各方面的事情都可以跟家长或者跟我沟通。平时跟任课老师和同学多交流,不要让学习压得自己喘不过气。

学:嗯嗯,好的,真的,真的谢谢老师!

学生本学期所有考试全部通过,积极参加各种活动和比赛,与同学相处融洽,任课老师对其评价颇高。学生在疫情期间还到社区做志愿者,为防疫工作贡献自己的力量,展现了新时代大学生的使命担当。

案例分析

小一是典型的"00后"大学生。他们生活在信息大爆炸的网络时代,接触和了解各种信息的渠道广泛且多样;在看待事物方面,拥有自己独特的观点和看法,形成了独立性与依赖性并存的特点。另外,"00后"大学生是在"以学生为主体,以教师为主导"师生互动的素质教育环境下成长起来的,他们遇到问题,敢于独立判断并发表自己的观点。但另一方面,"00后"大学生是在两代人的呵护、宠爱下长大的,集万千宠爱于一身,无论生活还是学习,父母替他们安排好了一切,这也导致他们对父母过于依赖,独立生活能力较差。此外,在科技飞速发展的今天,随着信息技术的普及,QQ、微信、网络游戏已成为他们与人沟通交流的常用平台,他们在现实生活中往往冷漠、羞于表达、不善交际,人际交往能力欠缺。他们还有一个较为"危险"的特点,就是心理脆弱、抗挫抗压能力不强。多为独生子女的他们,一旦出现任何不顺或挫折,父母就会出面帮助孩子排忧解难,导致他们在遇到不顺心或不顺利的事情时,无法冷静应对并合理处理,容易不知所措甚至自暴自弃。

很多"00后"大学生入学后都会出现新生适应性问题,辅导员应该密切关注,及时疏导,针对棘手问题要做到防微杜渐,直至妥善解决。

案例启示

1.正确认识大学新生角色转换与适应。心理学上将这一时期称为"大学新生心理失衡期"。大学新生由于生活环境、学习方式、饮食习惯和社会角色等方面的转变,必然要经历从不适应到适应的过程。能否顺利度过适应期,对大学生成长成才至关重要,有些问题处理不当或认识不准,就会出现问题,甚至心理问题,导致心理障碍或心理疾病的产生和发展。因此,一定要重视大学新生的适应问题。大部分学生是可以很快调整好的,我们不能忽视小部分适应能力较弱甚至适应非常缓慢的学生,要注意早发现、早关注。

2.新生入学之后,面临自我思想观念的冲击。在中学,大家往往是各学校拔尖的学生,受父母宠爱、老师重视、同学钦佩,进入大学,班级汇聚了来自不同地区、不同学校的优秀学生,许多新生深感自身优势不复存在,而倍感失落。一定要重视学生的心理变化,及时疏导。

3.很多学生在上大学之前没有过集体生活的经历。大学是新生第一次离家、离开父母,开始和地域不同、性格不同的同学、室友一起生活。因生活习惯和个人观念的不同,难免会有摩擦,但人际交往不可避免,这是每名新生都需要经历和触碰的。有些学生过于敏感,就会产生一系列问题。新生人际交往是需要辅导员重点关注的问题。

4. 很多学生进入大学后,希望全方位发展自己,参加大量学生工作和社团活动,但没有能力平衡时间和精力,最后把自己绷得很紧,时刻处在紧张状态之下。辅导员也要通过学生日常表现和谈心谈话去了解学生出现的细节问题和时间管理误区,应当与学生多沟通学习方法和工作方法,做到时间、效率的协调管理,遇到问题及时总结和纠正,体会怎样处事才能更有效率,引导学生达到理想的奋斗目标。

5. 在学生产生适应问题的同时,帮助学生寻找支持力量。合理关联家长的关注,室友、同学的帮助,给予学生鼓励、支持,提升其成长自信。给予学生必要的行动指导,鼓励其积极面对学习生活。在明确学生存在的问题之后,立即与确实了解情况的人取得联系,进一步明确问题来源并实施帮扶措施。情节比较严重的,应当迅速与家长取得联系,寻求家长的理解与支持。家校联动对学生问题情况的切实扭转起着关键性的积极作用。

早操，教会了你什么？

——新生辅导员谈心谈话案例

程 琪

案例描述

一、谈话对象

学生 W,男,汉族,2018 级黑龙江籍学生,比较散漫,对事物有自己的想法,个性独立。

二、谈话目的

1.了解学生未参加早操的原因及学生对早操的看法。

2.帮助学生认识到早操背后的教育目的。

3.引导学生主动参加早操,牢固树立纪律意识,自觉进行行为训练,学会合理表达诉求,养成良好习惯。

三、谈话过程

辅导员:今天的早操我没看到你,是身体不舒服忘记请假了吗?

学生:不是,早上室友叫我的时候,我太困了,没起来,所以就没去早操。

辅导员:有句话叫"国有国法,家有家规",大到国,小到家,无论技术怎样进步、社会如何发展,规则都是"基础设施"。从心理学上来讲,对规则权威和群思公知的服从,意味着人类有个根深蒂固的需要——让自己融入群体并遵守规范,有一种说法,正是因为遵守规则,人类社会才能构建起稳定的架构。早操的管理办法、管理细则,是经过级队同学们的意见征集、自主起草、公示修改后定稿并执行的,是大家共同承认的"规则",那么既然有规则,就要遵守。

学生:老师你说的我知道,但是我觉得早操对于大学来讲并不是所谓的红线和底线什么的,只是我们自己级队是这么要求的而已。

辅导员：对于规则的尊重和敬畏，是没有"软硬"之分的——比如，我不会吸毒、酒驾，因为我知道违法乱纪会受到法律的制裁；但是我上课迟到几分钟、早操偷懒少去一次就没什么大不了的，因为没人能把我怎么样，说白了，违反规则的"代价"不高。对"硬规则"和"软规则"的区别对待、在规则的边缘"疯狂试探"，真的无所谓吗？用任性来对抗规则，带来的是什么？

学生：应该不会吧？

辅导员：高铁扒门延误发车、八达岭老虎伤人、公交车坠江事故，起因都是一时的侥幸。谁都预料不到，好像"无足轻重"的逾矩会带来多么难以承受的后果。人作为一切社会关系的总和，注定没有办法脱离社会而独立存在，漠视规则、逾越规则、在规则边缘游走的人，迟早要付出代价，甚至会被规则淘汰。在真正踏入社会之前，培养自己养成遵守规则的习惯和意识，遏制住自己在规则边缘试探的苗头，做一个端端正正的人。

学生：老师，我知道让我们早起是为了我们好，但是有时候我确实晚上睡得太晚了，第二天早上起不来。

辅导员：早操时间是在 6:30，还是在 7:00？是在福佳操场，还是在寝室楼下？要 6:00 起床？要 6:30 起床？我觉得没那么重要，真的。我反倒觉得，能不能在你想起床的时候起床、想出门的时候出门，能不能统一想法和行动，这个太重要了。我知道我应该早点起床，可我就是控制不了自己一觉睡到大中午；我知道我应该上课时专心听讲，可我就是控制不了自己隔 10 分钟就要翻翻手机；我知道我应该用周末空闲的时间写写作业，可我就是控制不了自己周末打游戏，直到最后一刻才想起来熬夜补作业……这种"我知道×××，可我就是控制不了自己×××"的句式，看似无辜的背后，实则是意志力的薄弱、对自己的失控。有一种说法"意志力是一种有限的、容易消耗的心理资源"。比如一个人在看书学习时，要抵御打游戏、睡懒觉、逛街、看电影等的诱惑，这个过程是要消耗意志力的，所以意志力薄弱的人，很快就会向诱惑投降。幸好，意志力是一种可以通过行为训练积累起来的"通用资源"，这样的行为训练，往往来自生活中的一些小事、小习惯：我每周都能抽时间跑跑步，我每次起床都会随手把被子叠好，我习惯了每天早上要吃一顿营养丰盛、搭配合理的早饭来保证自己精力充沛……也许，早操会为锻炼、积累意志力多提供一种可能和机会。

学生：老师，如果像你说的要锻炼意志力的话，其实我一般习惯晚上看书，有的时候看得太晚第二天确实起不来怎么办，如果要为了早操特别勉强地早起的话，第二天我肯定上课状态也不好。

辅导员：我一直觉得，理性表达诉求、主动解决问题、学会运用规则去争取支配自己时间和身体的主动权是心智成熟的一种表现，更是与人相处、与环境相处的一门必修课。我想看到的是，你对安排时间这件事有独立的想法，你眼神坚定地向我请假，"老师，今天早上 6:30—7:30，我有自己的学习计划"；我想看到的是，你字斟句酌地组织语言，清楚明白、合情合理地表达自己的诉求，心平气和地沟通情况，最终解决问题，达到自己的目的。

这门早晚都要修读的必修课,希望你能通过早操这件"无关痛痒"的事情学会,而不是在扰乱公共秩序、撒泼耍赖甚至触犯法纪、受到惩处的时候才追悔莫及。

学生:老师,那我如果要是有自己的时间安排了的话,是不是就可以跟老师请假,不参加早操了?

辅导员:当然,我会非常高兴看到你学会用理性、得体的方式表达诉求,而且在这个过程中你会学会更多的东西。"有"早操的时候,你见过了大工 7:00 前还没睡醒时微风和煦的样子,发现了早晨的太阳比正午的烈阳要更可爱一点,因为早起了一会儿所以每天都能吃到食堂第一轮端上来的热腾腾的饭菜……等到有一天,"没有"早操的时候,你仍然可以做到诚信、自律。对身体的掌控能力,对时间的把握、预判能力,会帮助你学会让自己的生活井井有条、从容不迫。自我管理、自我约束的能力,不是一蹴而就的;向上、向善、向学的风气,也不是一朝一夕就可以达成的。"九层之台,起于累土;千里之行,始于足下。"日常行为一点一滴的积累给精神面貌、集体风气带来的潜移默化的影响,时间会告诉我们。如果可以有机会多学会些东西,我愿意做出一点点的改变、一点点的付出,哪怕经历一点点的"痛苦",我也愿意坚持带着你们一起改变。所以,要不要先从早操开始做起,给自己这一点点的改变呢?

学生:老师,你说的有道理,我会安排好自己的时间,老师辛苦了。

谈话后,学生 W 开始按时参加早操,如果不能参加,也会提前联系辅导员说明缘由,学生自主安排时间的意识有所提升。

案例分析

一、谈话思路分析

1.在谈话开始前,让学生 W 感受到辅导员的真诚,避免直截了当的责怪和埋怨,给学生适当的心理缓冲。

2.通过列举实例启发学生思考,引导学生理性分析问题。

3.给予学生方法建议,鼓励学生结合自身情况合理运用,从解决问题中收获成长、锻炼能力。

二、谈话方法分析

1.辅导员在谈话过程中的语言、姿态要充分给予学生安全感和信任感,拉近与学生的心理距离,让学生主动倾诉问题,从而更加准确、全面地掌握学生情况。

2.对于学生的优点,及时给予认可和鼓励,然后再指出不足或更好的解决办法,从而让学生更容易接纳辅导员的意见和建议。

3.采用漏斗式提问循循善诱,通过类比的方法,把抽象的概念和道理融入学生日常生活中常见的事例,更生动地让学生接纳、理解和消化。

三、谈话辅助分析

1.谈话前的信息准备对于达到良好的谈话效果作用显著。了解掌握谈话对象本人的求学经历、家庭背景、学习成绩等基本信息,以及谈话对象相关学生的基本情况,有助于谈话的顺利推进。

2.谈话过程要循循善诱,引导学生主动倾诉、主动发问。

案 例 启 示

1.学生入学初期容易出现新生适应性问题,需要辅导员综合学生心理状态、学习情况、性格特点等多方面情况,通过分析研判,及时发现问题隐患,及时介入解决。

2.学生教育背景、成长经历、生活习惯等多方面差异明显,辅导员要在时间管理和行为训练方面给予学生科学方法的指导,引导学生正确看待问题、理性分析问题、科学解决问题。在学生迷茫、困惑时指点迷津,在学生未能建立全面的思想认知时,提供必要的指导、支持与帮助。

"00后"们，要学会接受反对的声音

——兼职辅导员谈心谈话工作案例

齐保坤

案例描述

小李，女，大学新生。小李是个独生女，性格较为鲜明，从小到大一直都被家人捧在手心里宠着，在无微不至的关心照料下走进大学校园，还没来得及适应集体生活，一身的"公主病"就开始发作，她习惯所有人都依从她的感觉，在寝室里因生活小事和室友小刘产生意见分歧，发生争吵，导致其寝室关系愈发微妙，同时伴随心理问题的滋生。

2019年9月，军训刚结束，第一个上课周的某晚，辅导员在浏览QQ空间时发现小李发布了一条动态，内容是吐槽自己的室友小刘性格不好之类的话，室友小刘在此条动态下进行了回复，二人产生了争吵。辅导员意识到两名学生一定发生了矛盾，并决定展开与小李的谈心谈话，了解事件的具体情况。辅导员在QQ上给小李留言，想近期抽空与她聊聊天，并约其第二天下午体育课下课来辅导员办公室。

为达到更好的谈话效果，辅导员事先同班级干部、小李室友进行了谈话，了解了情况，同时对小李近期日常表现和发生分歧的事实细节进行了初步摸底，为谈话做好充分准备。

辅导员(以下简称辅)：开学也快一个月了，最近感觉怎么样啊？适应大学生活了吗？

小李：还行吧，老师。感觉没有高中那么大的压力，就是事情多了一些，感觉还不错。

辅：是的，大学确实事情会多一些。和室友关系处得怎么样啊？我看你们寝室的同学还都挺活泼的。

小李：嗯……还行吧，最近因为一些事情和小刘产生了一些矛盾。

辅：哦？怎么了？因为什么事情啊？能和老师说说吗？

小李：其实事情也不大，就是我们一起买了一个洗衣机，买回来之后放在寝室的哪个位置和小刘有些意见不一，就发生了一些争吵，产生了一些小矛盾吧。

辅：嗯，就因为这件小事吗？

小李：也不完全吧，其实之前也有一些小事，不过没有发生争吵。我本来就是一个脾气特别不好的人，心直口快，看见什么就说什么，而她也是这样一个人，她特别喜欢怼别人，可能她也没有什么恶意，但是我就是觉得很不舒服，一直积累到昨天就爆发了。

辅：嗯嗯，我特别能理解你的感觉。那你在上大学之前也是这样的脾气吗？

小李：是，我从小就这样，我的好朋友、闺蜜们都特别让着我，从来不会反驳我的意见。

辅：老师觉得，你现在来到大学了，就应该做出一些改变了，你之前的那些好朋友，和你一起从小玩到大，了解你的脾气，会顺着你、依着你，但是到了大学，大家都不认识，都不熟悉，而且各种性格的人都有，你就要做出改变了，你要尝试着去接受那些反对你的声音，然后去思考他们说得到底有没有道理。毕竟等你进入了社会，也不是所有人都会依着你啊！你就把眼前的事看作一个挑战，尝试着去打败它，好吗？

小李：好吧，老师，我再说服一下我自己吧。

辅：还有，大学里与你最亲近的人就是你的室友。你们的关系处理好了，是会互相支持、共同进步的。老师给你讲一个我的同学的例子。我有两个女同学，和你的性格差不多，她们大一刚来的时候，在寝室吵得不可开交，其中一个人甚至都向辅导员提出要出去租房子住了。但是你知道她们毕业的时候什么样吗？她们成了最好的朋友，现在一起在北京工作，周末还总去对方家里一起吃饭。我跟我的同学聊天后才知道，她在吵架后，冷静地想了想，到底为什么吵架，自己是不是有做得不对的地方，然后主动地去和同学和解，去聊天，两个人把心结都解开了。就是因为刚刚上大学，压力太大，看什么都不顺眼，尤其是听到了一些反对的声音，那就更加接受不了，所以才会发生争吵。你仔细想一想，你们吵架的原因是不是有那么一些太小了？

小李：嗯……是，老师，确实有一些不值当。

辅：那就快回去冷静冷静，找个机会和小刘聊一聊吧。

小李：嗯嗯，我会回去尝试着和她和解的，谢谢老师。

案例分析

一、谈话思路分析

谈话聚焦解决学生寝室矛盾问题，主要围绕引导学生认识到寝室关系融洽的重要性，同时引导学生能够在大学完善自己的性格，变成一个更加优秀的人。首先在谈话开始阶段，要拉近与学生的距离，让学生感受到辅导员的亲切与真诚，与其建立良好的信任关系，让学生认识到辅导员是在真心实意地帮助她解决问题；其次是要通过聊天，让学生认识到自己的问题，正视自己的错误，"一个巴掌拍不响"，不能一味看到他人的不友善而忽略自己的不妥当；再其次就是要让学生找出解决问题的关键点，同时引导学生去化解矛盾，以解决问题为最终目标；最后就是要总结本次谈话的重点，鼓励学生勇敢面对自己的内心，尽快适应大学生活，接纳他人、悦纳自己。

二、谈话方法分析

1.充分准备。对学生日常表现、寝室关系、发生矛盾的主要原因等情况进行充分了解，助力找准谈话关键，明确谈话目标。在本次谈话中，辅导员事先了解学生平日表现及与他人相处情况等相关信息，通过学生所在班级学生干部、室友、朋友了解学生日常状态，为工作开展做好强有力的铺垫。

2.真诚沟通。辅导员在约定和沟通过程中，用真诚打动学生，通过声音、语态、表情等细节表达，让学生感受到辅导员是在帮助自己而不是批评与指责，让学生放下戒备心理，说出内心真实想法，便于解决问题。

3.认真倾听。在谈话过程中，一定要做到认真、细心、快速提炼，避免错过学生提到的小细节，影响后续对整个事件的理解和判断。同时，认真倾听也会带给学生很亲切的感觉，视觉专注、表情真诚、凝心细听，让学生能够说更多的话，表达更加充分，对问题处理大有裨益。

4.做好记录。在谈话过程中认真做好记录，方便的情况下可以在谈话的同时组织记录过程，不方便的，可采取适当方式做好录音，便于后期整理。在记录关键信息点时，可与谈话人明确记录的积极意义。

5.借用案例。谈话太枯燥导致学生不愿意听，作为共情策略，可多引用一些案例来辅助谈话，进而丰富谈话内容、提高谈话效果。真实的案例和数据能够让学生对问题的理解更加清晰，更容易让学生随着谈话的深入做出积极的思考和借鉴，还可提升辅导员的经验阐述的可信度和吸引力。

三、谈话辅助分析

谈话前的准备至关重要，应充分了解学生日常表现和与他人交流的方式方法、学生性格特点、当时事件原貌等辅助谈话过程的顺利开展。与学生建立良好的关系，引导学生放下内心戒备，把辅导员当成朋友，有助于探寻问题本质。善于开启"人脉"资源，学生们天天生活在一起，信息的共享是问题解决的要素，在他们中开展调研，始终是思政工作强有力的关键开关。同时，关注网络动态舆情，关心青年学生内心的声音，能够有效助力思政工作精准"画像"，提升问题解决实际效果。

案例启示

1.通过对学生现实问题的发现，前期应明确谈话目的。针对本案例，首先需询问寝室矛盾的起因和经过，找到矛盾冲突的关键点；其次应充分了解学生上大学之前的生活习惯、身边朋友的性格等，了解学生的思维方式和行为模式，便于"对症下药"；再次是给学生讲述一些大学寝室生活的正面积极事例，给予学生正确引导；最后应给学生提一些适当的建议，鼓励其做出改变，尝试解开心结，主动提升自己，化解矛盾、接纳室友，共促成长。

2.对"00后"大学生而言，其身心发展还未完全成熟，大学之前较为自信甚至自负，自我认识尚显主观、片面，伴随对自我的积极肯定，容易导致考虑问题以自我为中心，做事从自己角度出发,把自己放在首位而忽略其他。在不成熟的认识视角之下,从自己的角度,盲目坚持自己的意见且行为倔强,一旦出现其他观点不符、意见分歧的情况,不免会发生争吵、激发矛盾。所以,通过谈心谈话和日常学习生活,向学生传递集体思想和管理政策,加强学生集体意识和责任意识引导,积极教育他们接受他人的合理化建议,科学分析问题,善做善从,学会听取反对的声音,努力完善自己,提高做人的深度。

3. 现在的大学生已均为"00后",他们的父母大多也比较年轻,思想观念较新,注重对子女的培养。但"00后"大学生中大多数是独生子女,每个家庭的父母对他们的期望都是很高的,能进入重点大学,学生本身的自我定位也很高。从小娇生惯养的他们,部分人对集体生活所持有的是一种事不关己的态度,集体观念淡漠,但对他人的肯定却非常关注,希望得到他人的呵护。这就使很多"00后"大学生在进入大学后,面对变化的生活空间和截然不同的生活环境,会表现出多种不适,会和周围人产生矛盾,高校思政工作的重点也由此将逐渐转向为高中以前和原生家庭的教育缺失"补课"。

谁敢说自己的心中没有创伤

——校园心理约谈现场

黎晓明

案例描述

2017年12月6日上午,心理中心305咨询室,我正在咨询手册上奋笔疾书刚刚结束咨询的内容,此时走进一名让人眼前一亮的男生,看到他,莫名地有一种特别舒服的感觉。我不免看了看手中的约谈记录单,上面清晰地写着"A类自杀倾向"的字样,在难得的好奇心驱使下,我们开始了20分钟的对话。

我:(起身,把门关上,同时开口)你好,请坐吧!上午没有课吗(与其四目相对)?

他:哦,刚刚下课,不好意思打扰老师了(看着我的眼睛、微笑)。

我:怎么会,很高兴你能过来。能告诉我,老师是怎么跟你说的到这边来约谈的吗?

他:就说是一个访谈活动,应该是跟之前的测评有关系。

我:测评? 当时测完了有注意看结果吗?

他:(有些错愕)这个,不知道,没注意。

我:(微笑)你还挺幸运的,我们约谈的对象也不完全是跟测评有关系,也有可能是由于访谈数量(全校新生的20%)需要而随机抽样(喝一口水并示意他眼前也有一杯水,他笑而未语)。我们每个学期都会有针对性地邀请部分同学到中心来配合约谈,最终我们要形成我校在校生心理健康数据分析,直接报给教育部,所以,首先很高兴你能配合我们做好这项工作,学校感谢你!(真诚感动的表情,他不好意思地又笑笑)或许身边还有不少同学也被邀请了,但我们只是在给学校的发展建设做贡献,而且这种一对一的聊聊天,很简短且全程封闭,有专业保障,对话也是完全保密的,所以请放轻松,只是针对你眼中的大学生活、学习等细节问题展开,我们的时间也有限,不用想太多,一问一答的形式直接回答即可,好吗?

他:好的,老师。

我:嗯,请理解我对每个同学都会介绍得很清楚,讲得具体些,就怕大家莫名其妙,有疑问,从而产生误会。哦,对了,也算是给我们辛苦工作和学校为同学们服务的努力打个广告(微笑和真诚对视相结合),今天先体验一下约谈过程,以后有机会,也请帮我们宣传介绍,如果觉得不错且日后真的有问题想跟老师互动时,也可以再来,走咨询程序,那样时间会长一些,效果也能更好。好,我们言归正传,那开始?

他:好的,老师。

我:你刚才说到测评,有认真做这套题吗?

他:是的,很认真的,不过题量还是很大。

我:你怎么评价这套题?

他:问题挺细,前后也有一些重复。

我:以前做过类似的测试吗?

他:没有。

我:我们每学期都会有这样的评测活动,记得下次点击提交之后看看评测结果哦!(喝口水)下面能谈谈学习吗?对自己入学以来的学习状态做个评价吧!(始终看着他的眼睛并面带真诚的微笑)

他:还没考试,不过我感觉不会太好(有点犹豫,不看我了),因为参加了很多活动,刚刚结束的"峰岚",我有舞蹈表演(眼睛亮了些后又暗下去),耽误了很多学习时间,估计期末成绩或许只在及格边缘吧。不过,我想毕业直接就业,我爸妈想让我考研,可是我还是想就业。

我:学这个专业是你自己的意愿还是父母或者其他人的建议?

他:学什么专业、报考、填表都是我自己一个人完成的,家里也有找一些懂的人给点建议,但最终还是我自己的决定,我喜欢自己做决定。

我:你喜欢这个专业吗?喜欢大工吗?

他:其实还是没怎么考好吧,我应该可以去更好的学校,大工我也是满意的,这个专业我也还算喜欢,还行吧,学习还是有点不擅长。

我:刚才你提到参加学校活动,那以前有舞蹈基础吗?有在做社会工作或者说想在大学阶段发展自己的社会工作能力吗?

他:参加"峰岚"只是个偶然的机会吧,以前没基础,参加一下还是有很多收获的,挑战一下自己也提升很多,团队、舞蹈动作、舞台等,虽然累点但挺有意思。

我:特别好,那能谈谈你的人际关系吗?感觉人际关系做得怎么样?

他:(再次笑了)老师,这个问题,我可以不谦虚地说,我这个人人际关系是全部事情中做得最好的一项,跟我接触的人都会喜欢我(很肯定自己的表情),从初二懂事开始到现在,做得都很好。

我:那能评价一下自己的优缺点吗?

他:哈,有点像面试。

我:(我也轻笑一下)那就当在社团面试啦!

他:(想想)我感觉自己没什么优点,缺点倒是挺多(然后就低头不语了)。

我:你刚才还说自己擅长人际交往,优点不说都很明显啊。还有,长得那么帅,还有礼貌,老师既然直白地告诉你说来约谈跟测评有关,那说明老师也是十分信任你的,这不也说明了你的优点其中一条是让老师放心?那换个问题,你感觉有什么是困扰你的压力,或者说自己不擅长什么？

他：（想想）还是学习吧……

我：你是家中的独生子吗？父母现在做什么？身体怎么样？

他：是啊，家里就我一个孩子，母亲身体不太好吧，前些时间刚做了手术，他们两个都在工作，我家做点生意。

我：他们对你在大学期间有什么指令性的要求吗？

他：我爸倒是希望我读研，从小我爸妈管我挺严的，不过我觉得对我有好处，将来我有孩子，也会委托他们来教育，我感觉我爸妈教育孩子挺成功的，他们的管理方法不错，不过真的挺严。

我：想得这么远呵，呃，那你有女朋友吗？

他：（笑了，但有点哀怨）有，但是前些日子分手了……抱歉，老师，分手的时候我挺难过的……现在并没有其他感情，我跟她是异地。

我：你很重感情。

他：男人应该这样，我跟朋友也这样，我不喜欢给别人添麻烦，算是"万事不求人"吧，自己能解决。

我：你喜欢什么运动？身体怎么样？睡眠怎么样？

他：平时打打球、玩玩游戏，也都是用时不长的那种吧，课也挺多的，忙不过来做这些。身体挺好的，算不怎么爱生病吧。睡觉还可以，就是睡得比较晚，不太够睡（惭愧地笑）。

我：如果遇到问题，有压力了，你会怎么解决？

他：自己想吧。

我：会与他人探讨吗？

他：不会。

我：有问题的时候，想过用极端方法处理吗？

他：想过。

我：有执行过吗？

他：没有。

我：那怎么解决的？

他：时间吧，想想就会好很多。

我：一般多长时间可以让自己沉淀、冷静下来？

他：这个我没特殊记过。

我：你相信我们吗？

他：当然，老师。

我：我开始的时候也介绍过，以后有问题，自己想固然重要，但也可以选择过来咨询倾诉，听听我们的建议，或许思路开阔了，处理起问题也会不一样。

他：嗯，谢谢您。

我：因为我们时间有限，今天的约谈主要内容就这么多，但既然来了，你看看还有什么老师可以帮忙解决一下的？可以简单想想。

他:(很认真地想了几秒)目前没什么吧。

我:没关系,什么时候想到了,随时可以过来预约。那今天先到这?

他:好的,谢谢您老师,打扰您了。

我:别落东西了,衣服穿好,外面凉,慢走。

他:谢谢您,老师再见。

我:拜拜。

案例分析

来访者尽力隐藏内心深处性格方面的固执和执拗,看起来非常配合约谈过程,实际上仅为表面的配合而没有实际接受咨询师的提示,也拒绝咨询师对自己的帮助。通过对话,咨询师能够深切感受学生内心的焦灼。埋藏心底的问题不愿说,说出来不是解决问题而是没有面子,自己可以万事不求人,可以处理好自己的事情,以一个 19 岁孩子的角度,其内心还是有纵深且有故事的。

案例折射出学生自小家庭教育严格,对自己要求较高,外在气质形象好但要求随时维护修正,保持较高的人气水平,要求自己不能被指责有问题,内心存在的压力、困惑和与年龄相符的气质特点让他选择隐藏,逐步将自己塑造完美。在经历情感问题和学业问题两项不完美之后,其内心平衡遭遇撞击,加上大学新生适应过程尚未走完,来自班级其他优秀学生的比较在一定程度上存在压力,自己还不愿主动寻求帮助,导致了内心不平衡问题。平时生活节奏不强,无规划和详尽的奋斗目标,想得多做得少,课堂效率不高,课后时间不充裕,为保持好的人际关系,智商为情商让步,而产生内心痛苦。学生未能提供时间细节,因此无法确定病情和程度,目测为一般情绪化心理问题。可采取认知行为疗法设计疗程方案,通过逐步沟通建立互信的方式揭开细节,方可改善。

本案例是典型的心理约谈工作案例,主要通过咨询师约谈视角介绍不易被察觉的心理问题学生应如何判断心理矛盾点并分析其问题所在,最终给予辅导员工作有效的补充与提示。案例具有一定普遍性,体现了目前大学生心理问题因比例逐年增多导致主体的隐蔽性以及深挖学生工作内涵的必要性。对高校大学生心理健康及咨询工作提出了更高要求,抛出更高的挑战。

案例启示

1.研究提升捕捉心理问题学生行为表现细节的能力,了解时代背景下,当代大学生的成长误区。学生成长受社会环境、家庭环境、青春期认知、教育环境、同龄伙伴、引导读物、视频等因素影响。一个人的成长过程是复杂的,青春期对事物的判断相对单一,学生需要正能量的刺激和共情共话的平台,接受启发表达自我认知,抽取有效信息。

2.大成若缺,完美就像黄金,只能尽力去接近,但永远不能完全实现。青年大学生容易陷入两种极端:一种是无目标无规划,缺乏前进的动力和希望;另一种便是过分追求完美,希望自己在别人眼中具备完美的"人设"。咨询师需站在对方的角度,读懂他内心的声音,与其共同商定解决方案,而不是强行实施思想政治教育的灌输和纠正。

3.任何人都有自身的优劣势,每个人都是矛盾的结合体,不同的成长背景和家庭环境注定了其在价值观和行为方式上的差异,有时甚至是天翻地覆的差别。只有通过集体生活才能实现个性与共性、个人意识和集体意志的统一,要学会在集体生活中发现自我、了解自我、承认自我,进而最终实现改变自我。尝试指导学生接触更多不同类型的人,通过谈心、出行、集体项目、娱乐、头脑风暴、沙龙共话等形式探寻真实的自己,精准定位个人目标,目光长远计划未来,内心的纠葛或将逐渐减轻。

陪伴与鼓励

——原生家庭大学生心理调适案例

耿立国

案例描述

学生小 W,辅导员在双方交谈中得知其状态不佳,开始只是情绪低落、嗜睡,白天也总在床上休息,没有食欲,面色苍白。小 W 一段时间后出现不可自控的流泪情况,在当日谈话过程中也一直在流泪。经过询问了解到,小 W 家庭情况比较复杂,父亲在一年前因疾病去世,依靠母亲支撑家庭开支。小 W 还有个姐姐,姐姐与母亲及学生本人关系很不好,不经常在家,偶尔回家也会打砸家中物品。学生讨厌姐姐的同时十分心疼妈妈。

在发现小 W 状态不佳后,辅导员第一时间与小 W 进行谈话。首先询问小 W 最近的作息规律与生活状态,小 W 坦言最近状态极其不好,已经两天处于睡不醒的状态,晚上睡得很早但白天却无法正常起床,头脑一直昏昏沉沉。发现小 W 脸色苍白而询问其原因,得知小 W 近两天几乎没有进食。根据小 W 表现出的状况,辅导员几乎可以认定小 W 患有轻度抑郁,分析学生可能存在问题的主要原因:学生原生家庭问题,该生属单亲家庭;学生在校学习生活状态问题,生病时学生尚欠 30 多个学分学习任务,学业问题严重。为帮助学生舒缓压力、恢复正常饮食与作息,调整上课状态,辅导员决定多措并举帮助学生恢复正常。

而后通过与其室友沟通,了解小 W 问题产生的原因,判断学生人际关系情况。小 W 谈到其寝室关系融洽,沟通和谐,性格大大咧咧,粗神经的她与班级同学关系也都很好;在学习成绩方面,确实有欠学分问题,但本学期新欠的并不多,同时在开学初的谈话中学生积极制订学习计划,并在努力按照计划执行,可以基本排除学校生活的因素。接下来从了解小 W 的家庭状况与成员关系入手,在此过程中辅导员一直充当倾听者,深入理解小 W 想法。小 W 也如实反馈,父亲一年前因疾病去世,现在家里全靠母亲开店维持生计,小 W 还有个姐姐,但姐姐与其关系不好,就在前几天姐姐回家还摔砸家中物品,小 W 坦言姐姐砸东西的事情令全家苦恼,而自己比较懂事,很心疼妈妈的付出与辛苦,诸上使其最近心情抑郁。小 W 反馈,之前自己就有过类似状况,但没有这么严重。

在大概了解学生问题产生的原因后,辅导员及时将情况上报学院,并告知家长探寻解决方法。辅导员安慰小 W,并要求其一定要吃东西,而且准备带小 W 去吃易消化的食物,被学生拒绝。辅导员又委派小 W 室友陪她去吃饭,建议小 W 尝试调整作息,不能再继续浑浑噩噩下去,并要求其室友随时关注小 W 身体状况,出现问题立即报告。最后鼓励小 W 趁天气好多在校园里走走,调整心情。

因该生家离大连较近,辅导员诚邀家长来学校沟通,共同探讨解决问题的方法。家长来校后表示因为小 W 几天没有与家长通话,隐约感觉到小 W 的异常。辅导员将情况告知家长,家长表示很难相信,小 W 一向懂事体贴,对孩子的异常情况惊慌失措,不知如何是好。在与家长沟通后,建议家长与小 W 走走步、散散心,沟通劝导学生接受专业医生的帮助。学校一方面增加对学生的关注,一旦状况反复,立即告知家长;另一方面组建学习小组,帮助小 W 在身体恢复后,快速补上学业欠缺的学分。

在专业医生的帮助及老师和同学的陪伴下,小 W 情绪渐渐好转,并开始恢复正常生活状态。

案例分析

本案例是大学生因心理波动导致身体不适的典型案例,全过程表现出学生日常行为和生活习惯的变化。辅导员通过谈话了解到原生家庭作为本案例问题出现的主要原因,采取积极的态度与家长沟通,寻求解决办法,家校合力帮助学生减轻压力。学生虽有一定排斥就医的倾向,但通过亲情鼓励,克服内心障碍,接纳专业帮助。同时发挥同学间互相帮助的便利条件,建立同学间的增信陪伴,让学生感受到老师与同学的关心,让学生知道有很多人在乎自己,从而最终建立有效的应激反馈途径,避免事件恶化。

一、工作思路

加强思政工作的日常观测与了解,在发现问题后立即了解事发原因与细节,根据不同原因,评估问题程度,迅速探寻解决路径。本案例经判断认定学生状态不佳程度较重,必须采取追根溯源的方法,因涉及原生家庭,通过家长介入才能精准开展问题剖析,解决问题。

二、实施方法

首先,利用谈话倾听学生的心声,了解学生的经历,体会其深层感受。谈话采取引导式互动,辅导员多听少讲,并适时列举身边同类例子,舒缓学生情绪,尽量使之放松,释放双方压力。其次,与学生共情,建议并陪同学生一起调整业健康状态,以引导词和侧面定义的教育口吻,激发学生对问题本身的深入思考。最后,利用身边现有资源,建立反馈途径。

三、辅助分析

首先,学生寝室以及班级同学多加关心帮助,确保学生状况不再继续恶化,同时调动室友开展共情行动,加强同学陪伴;其次,与家长深度恳谈,共商良策,提示家长联系医院及时就诊,帮助学生尽快确定病情,开展治疗。

案例启示

通过本案例,进一步加深了辅导员对职业获得感的认同。作者这样谈道:"我一定要将学生思想政治工作做细做实,切实了解学生需求所想,同时在日常管理中,还要做到对学生现状随时了解,避免学生发生状况后愈演愈烈。"

高校应加强对大学生思想政治教育工作队伍的技能培训。此外,学生干部是与所有学生共同生活的一分子,实施思政工作的一线工作者应培养学生干部善于发现问题和反馈问题的细节敏感力,加强对学生干部的选拔、任用及培训,做好工作辅助。

大学时期也是一个人成长的关键时期,学生尚未脱离青春期,通常会有很多想法,对于家庭等因素会有很多偏颇的认知,也会感受到无形的压力,包括家庭教育方式、大学前学习环境、生活经历等都会对学生成长发展产生很大影响,甚至不良影响。师生发现问题应立即思考并做出正确判断,很多时候是因为原生家庭观念导致学生压力过大或过小,导致学生心理产生或多或少的异常,此时的工作对象也将拓展性涵盖学生家长和学生家庭。对一些老旧观念需进行及时性的建议和纠正,避免大学生在家庭中承受过大压力或毫无家庭压力。此外,部分问题学生性格内向,寻求帮助的沟通能力较为欠缺,日常的教育引导策略中应当增加团队或小组合作意识引导,带动增强学生的沟通互助能力。通过素质拓展、心理讲座、技能培训等方式,帮助学生正确面对心理问题和就医治疗。避免讳疾忌医和产生心理投射,盲目遮掩心理问题本身,导致内心郁结,排斥专业机构。思政教师应学会做学生"心事"的倾听者,很多时候学生知道事情该怎么做,只是内在推动力不足,需要倾听者适当给予"压力性建议",助"推"学生前进。

最后,身体是革命的本钱,应注重学生德智体美劳五育并举全面发展。受教育形式限制,学生在大学之前的关注点都是学习成绩,而大学虽是读书做学问的地方,也不只知死读书,应通过多种活动形式,加强学生身心健康。大力开展大学生"逆商-抗挫"能力素质培养、认知及身体素质培训等,一定程度上改善学生唯成绩论的片面认识。加强学生学习习惯的养成,提高学习效率,培养学生乐学、智学的能力,避免学生学而无用。在党的领导和学校目标指导下,培养社会需求的真人才,而非智商出众、内心脆弱的成年巨婴。

不放弃，让他重获新生

——大学生心理培育工作案例

孙智妍

案例描述

学生杜某来自偏远山区，入学后军训期间便经常不参与集体活动，与同学的关系较疏远，经常一个人活动，不愿与同学交流。杜某的心理普查结果为 A 级，辅导员第一时间与学生进行春雨谈心。军训结束后该生在学习方面没有耐心，学不好的课程就主动放弃，经常既不上课也不交作业，大一学年第一学期该生有两次夜不归寝的情况，辅导员与学生干部连夜寻找，发现他在网吧玩游戏。

辅导员多次与该生进行春雨谈心，开始杜某一句话也不说，慢慢地他向辅导员讲述了自己有服药自杀的想法但未实施。在春雨谈心的过程中，辅导员发现学生在报考大学时与家人发生了矛盾，父母对学生不认可，学生深受打击。在进入大学后，他失去了学习和生活的动力，愈加痛苦，因此有了自杀的想法。

得知这个情况后，辅导员第一时间将该生的情况上报学院，通知学生家长，并且让寝室同学每日向辅导员报告该生的情况。辅导员陪同该生到学校心理咨询中心约谈，约谈进行了一个多小时，咨询老师在咨询过程发现该生对"家庭""父母"的字眼非常敏感，对自己也十分不认同，认为自己还不如离开这个世界。心理咨询中心建议他到心理医院就诊并治疗。

在征得家长和学生同意后，辅导员陪同他到医院就诊，诊断结果为焦虑、抑郁状态，医生建议药物治疗配合心理咨询，但该生拒绝服药，也不愿意到心理咨询中心定期约谈。面对这个情况，辅导员为该生单独建立了详细档案，保持每隔 2~3 天在网络与学生联系，保持每周与学生面对面交流。

杜某的第二次心理普查结果仍为 A 级，辅导员第一时间通知学生谈心，并陪同该生到心理咨询中心约谈，学生向咨询老师表示有自杀的计划。辅导员立即与家长联系，告知家长并建议其尽快来到学校。该生父母务农，收入微薄且不稳定，得到的收入除家庭日常开销外全用于杜某和弟弟的学费。

为了挽救挣扎在痛苦边缘的学生，辅导员开始对其进行长期重点关注。该生在校期间没有加入任何学生社团，也不参加文体活动，当得知该生的兴趣是乒乓球时，辅导员在级队举办了"乒乓球争霸赛",该生报名参加并挺进决赛,他主动找到辅导员询问是否还有这样的比赛,自己还想参加。找到解决问题的切入点后,辅导员就动员参加比赛的同学多与杜某交流,有了共同话题,杜某的话就多了起来。但是该生对面对面交流却仍有些排斥,于是辅导员开始在 QQ 上与该生进行"网络春雨谈心",通过 QQ 他会主动向老师询问选课、专业发展等问题,谈话也比较积极。

有时该生也会通过 QQ 向辅导员咨询作业、考试等信息。辅导员发现该生对待大学还是有兴趣去探索和尝试的,但是遇到困难时不知道如何寻求帮助。辅导员同时联系班主任老师关注该生的专业课学习,对课堂出勤情况进行跟踪。杜某遇到问题会主动联系辅导员和班主任。一天,杜某主动到辅导员办公室,向老师请教关于办公软件的使用,辅导员耐心给他讲解,他很感兴趣。关于职业规划、就业方向等问题,他也会亲自到班主任办公室咨询,学生的整体精神面貌都有了改善。

截止到杜某毕业前,辅导员与其进行春雨谈心 40 次,其中跟家长沟通 16 次。该生没有再次出现夜不归寝的情况,去网吧的次数也大大减少,学习上也更加努力。辅导员保持持续与家长沟通和对学生的长期关注,学生杜某的状态逐渐趋于稳定,在班级的 QQ 群中也开始变得活跃,主动向同学咨询作业、考试等问题。经过长期的心理咨询和生涯规划,杜某渐渐树立了信心,被某国企录用。在毕业离校的前一天,他在辅导员的桌上放了一束鲜花,鲜花里插了一张小卡片,上面写着:"感谢老师没有放弃我,谢谢您四年来对我的照顾。"

案例分析

1.本案例中学生杜某入学后就出现了轻生的念头,军训期间没有与任何人谈及此事。军训期间是学生从高中生向大学生转变的重要时机,学生工作者应在这一期间深入了解学生的心理状态,心理测评也应尽早进行。

2.本案例中的学生杜某心理问题产生的根源是家庭问题,因家庭关系的压力产生自弃的想法,在处理此类问题时应与家长做好密切沟通,尤其对于家庭偏远、家境贫寒的学生家庭,需要辅导员做好备忘和记录。

3.本案例中所有的面对面谈心都是辅导员主动,谈话中学生不愿开口说话,说得最多的就是"不知道""再说吧""视情况而定",不愿向辅导员敞开心扉。但是辅导员发现该生在网络上的交流明显较面对面交流积极,于是抓住"网络春雨谈心"的契机。心理抑郁、焦虑状态的学生往往对面对面沟通很排斥,因此网络谈心是比较妥当的方式。通过面对面谈心、网络谈心和社交网络观察,该生有时在 QQ 空间中发布一些极端的话语,辅导员能够及时发现学生的心理状态变化。辅导员应保持每隔 2~3 天在网络与学生联系,保持每周与学生面对面交流的频率。

4.心理测评是辅导员开展大学生心理健康教育的载体之一,但并不能完全按照心理测评结果开展工作,否则工作会出现滞后。心理测评反映的只是学生一段时间的心理状态,还需要辅导员在春雨谈心中进行细致排查。

案例启示

1.发现学生有自杀倾向后,应第一时间告知家长,要求家长立即来学校,并且对学生进行跟踪监控,带领学生做心理咨询、到医院诊断都必须经过家长和学生同意。

2.对于此类学生,应单独为其建立档案,保留心理测评结果、医院诊断结果、春雨谈心记录等,作为工作的留存和重要参考。

3.案例中学生杜某拒绝治疗,也拒绝休学或退学,就需要辅导员必须与家长做好协商,并且在工作开展中长期重点关注。

4.辅导员在开展学生工作时可以依托"三全育人"的工作平台,将班主任、专业课教师等力量形成合力,共同做好育人工作。

知识之惑易解，心理创伤难愈

——家庭关怀缺失引发的学生心理创伤案例

杨 航

案例描述

小红，女，理工类专业 2017 级学生，家庭经济困难。小红的亲生母亲因抑郁症于学生 7 岁时自杀；父亲常年在外打工，小红在祖父祖母身边长大。2017 年小红新生心理测评为 A 类，被提至重点关注。

2019 年 4 月，小红反馈时常怀疑自己、否定自己，认为自己做什么都做不好，并主动前往心理医院就医，医生的诊断结果为中重度抑郁症，需要坚持吃药并每周复查。小红一方面认为自己没有病，不愿配合医生治疗，觉得可能只是有些想法与大家不同，某些能力和判断存在局限；另一方面，她经常在网络或图书馆搜集抑郁症相关材料，尝试通过自我调节改善目前状态。同时小红因心理问题引发学业问题，有三门欠课（模电、大物 2、英语 1），且大二下学期学习状态不佳，对即将到来的数据结构和概率统计考试没有信心。大二下学期，她时常感觉自己没有生活目标，甚至想选择她母亲的做法，结束自己的生命。

鉴于学生的特殊情况，辅导员第一时间与家长取得沟通，将学生近期情况告知其父亲，同时建议家长尽快来校，陪同学生进行心理治疗，保持与学生的沟通交流，多多关心学生。在家长尚未抵达学校期间，辅导员在保持日常春雨谈心的同时，安排班级团支书和寝室长关注学生日常学习生活情况并及时反馈。联系学生所在班级的专业班主任汪老师与学生交流，为学生解决学业上的困难，汪老师与该生面对面交流了近期的学习生活情况，并帮助学生联系数据结构课程任课老师，帮助学生答疑；联系学部关工委孙老师（国家级思政名师）与学生交流，前期辅导员已将学生近期情况告知孙老师，孙老师对该生基本情况已有了解，并开展多次谈心。

经过多次沟通交流，学生状态有所好转，但仍需在专业医疗机构进行治疗，同时学生对目前学业课程还无法专心进行，根据孙老师提供的建议，学生主动向辅导员表露出休学并复学后降到 2018 级学习的意愿，希望能得到家长和老师的支持。鉴于学生目前的情况，确实不适合继续在校生活学习，也无法应对现阶段的课业压力，经与家长沟通后，同意了学生休学半年的申请。家长也意识到对学生的关心不够，缺少必要的陪伴和交流。休学后，学生已前往家长工作所在地杭州，在父亲的陪伴下，回家开展治疗。目前学生状态有了明显好转，能够积极配合医生治疗，待医生诊断具备复学条件后，将返校继续学业。

案例分析

本案例为特殊原生家庭背景下的障碍性心理健康问题,并由此引发了学业问题和人际交往问题。根据本案例中学生的具体表现可以了解到:该生长期缺乏家庭关怀,一直受童年记忆困扰,在心理健康培养过程中,家庭一直处于缺位状态,问题严重;外界与学生所想不同,适应过程中无人指导,导致产生较为偏激的思想;更多时间和精力被心理问题牵扯,缺乏对自己的职业规划,导致缺乏学习动力和生活目标;学生封闭自我,缺乏与家人、朋友之间的交流,对他人的信任感不足。

对于障碍性心理问题,首先,要明确问题在"疾病",学生已被专业医疗机构确诊,其在校内无法治愈,的确应尽早联系家长,在家长的陪同下,安排学生到正规医疗机构进行专业治疗。其次,日常工作中关键在"早知"。虽然辅导员没有办法治疗障碍性心理问题,但可以通过辅导员及其信息渠道,第一时间了解障碍性心理问题学生实施的"危机"行为,为减少伤害和后面的有效治疗提供时间保证。再其次,处理问题时重点在"统筹"。辅导员要整合学校、家庭、社会等各方力量,为当事学生搭建保护性平台。本案例学生大一入学心理测评即为 A 类,但当时刚刚开学,辅导员对学生的问题了解还不够充分,借助学校心理咨询中心支持,初判学生心理疾病及其病程,帮助学生联系专业班主任和关工委老师,合力为学生解决学习生活中的实际困难。最后,解决在"治疗"。障碍性心理问题学生与家长刚得知确诊结果时,都不认同学生患有心理疾病,也不愿意到专业医疗机构治疗,需要多方沟通、交流后才能得以理解并着力解决。配合医生治疗是成功解决问题的关键。障碍性心理问题主要是通过药物治疗来调节心理状态、稳定控制病情,需要定期去医院进行复查,配合治疗非常重要。

案例启示

通过此案例,结合日常学生工作事务管理实践,辅导员对于特殊原生家庭的学生心理问题可以从以下五个方面着手,更有利于工作开展,促进学生成长。

1.责任与爱同行。德国教育家福禄培尔曾说:"教育无它,唯爱与榜样。"思想政治教育是心与心交流、灵魂与灵魂沟通的职业,仁爱之心是本质要求。辅导员带学生,责任重大,同时爱心必不可少,"爱"与"责任"相辅相成。"爱"是"责任"的体现,"责任"是"爱"的化身,没有"爱"就没有教育,没有"责任"也做不好教育。我们除了要履行"传道授业解惑"的职责,还必须付出无私的爱心和真实的感情,一个肯定的眼神、一个会心的微笑,都会如同一缕轻柔的春风,赢得学生的共鸣。

2.关注特殊学生。辅导员要做一个有心人,时时处处去观察学生、关心学生、帮助学生,特别是有特殊家庭背景和经历的学生,以及在学习和生活上有困难的弱势群体,更要积极给予鼓励、信任与帮助,让他们找到被关注和被关心的感觉,享受到班级的温暖和进步的喜悦。对于"重点学生"的关注,一定要保持连续性:经常和学生沟通,了解其最近的学习、生活情况;更多积极关注,为他们提供"心理营养",鼓励他们多和其他同学沟通交流。

3.家校沟通合作。家庭是孩子的第一所学校,父母是孩子的第一任老师。育人工作是一项复杂的工作,需要家庭和学校合力完成,特别是当学生的教育出现问题时,学校更要和家长积极沟通,反映问题,相互配合,共同解决。当学生和家庭出现矛盾时,辅导员要发挥好纽带作用,分别做通家长和学生的思想工作,帮助解决矛盾,为学生营造良好的成长环境。

4.发挥班委作用。积极发挥朋辈帮扶的力量,班干部起好带头作用。及时了解跟进班级同学的情况,密切关注同学们的心理状态与行为表现,一旦发现异常,及时向辅导员汇报。班干部和同学们是同龄人,朝夕相处,有共同语言,更容易沟通。遇到问题时,辅导员可以通过班干部协助开展思想工作,进行劝导,并提升班干部帮扶作用,共促成长。

5.信任每个学生。作为辅导员,一定要相信学生,对学生充满希望,不抛弃、不放弃,发掘他们的闪光点,给予信任、耐心和鼓励,分享成长的快乐。每个学生的家庭背景都不一样,每个班级都有几个特殊学生。由于家庭关爱的缺失,经历复杂,他们的性格里总有一些与同龄人不同的地方。对于这些学生,辅导员要一边观察他们的行为举动和性格特点,一边与家长沟通,找到侧重点和突破口,相信他们每一个人的内心都有那么一块净土,只是覆盖了太多本不属于自己的东西,缺少的是一个去挖掘的人。同时,要尊重每一个学生的未来,为他们搭建更多施展自己才能的舞台,让他们在自己的天空展翅翱翔。

"冰冻三尺非一日之寒。"学生在大学阶段出现的新问题不仅意味着学校在心理健康教育方面存在巨大的提升空间,同时也意味着学生出现的问题与从小到大所接受的学校教育、家庭教育有着密不可分的关系。学校应积极探索构建家校联合的心理健康教育模式,为学生家长开展包括线上讲座、电话交流、印发学习材料等形式在内的心理健康教育知识科普活动,并将心理健康工作常态化、持久化,与家庭齐心协力,为学生的身心健康发展保驾护航。

判断准确，及时处理突发事件

——学生急病突发事件工作案例

黎晓明

案例描述

2013年元旦小长假，傍晚6点多，辅导员接到了学生一个急促的电话："老师，不好了，小凝她，她晕倒了，怎么办？不省人事啊，怎么办？……""什么情况？什么时候的事情？淡定，现在什么状态？""我们正在玩游戏，她说想上厕所，走进厕所一会儿以后，我们就听到'哐'的一声，然后就看见小凝的头，她倒在了卫生间门口，我们怎么叫也不醒，她根本没有反应，还翻白眼，吓死我们了，怎么办，老师……"电话那边响起了学生的忙乱声和打电话的女生急切的哭泣声。得到辅导员的指导后，学生分别拨打了急救电话和学校公安处电话，然后一部分学生留守，一部分学生穿衣准备前往医院。20分钟后，医院急诊大门外，辅导员等到了躺在担架床上奄奄一息的小凝和同寝室的3名女生，棉衣下面大家都还穿着睡衣和拖鞋，满眼是沉重的担心，满耳是杂乱的喘息。"谁去交费？"医生开口，"抢救需要配合CT等一系列检查，所有人先在门外等。"检查结束。"哪位是家属？""我，是她的辅导员。""家属没来吗？那你过来，我跟你说一下，病人脑干大面积出血，尿路改道，肾病性高血压，颅内高血压，不建议开颅，不知道能坚持多久了，尽快通知家属，另外决定一下是否转ICU，做好准备吧……"

午夜，ICU外，辅导员、同寝同学、学生处负责人等人焦急地等候着，心急如焚。辅导员不停地看着电话，盼着家长快快到来！第二天下午2点半，小凝的父亲姗姗来迟，辅导员激动、悲切地上前怒喝："给您打多少通电话，为什么不快来，小凝她没等到啊，没等到啊……"

案例分析

这是一则典型的大学生疾病突发事件案例。为圆孩子大学梦，学生和家长由始至终隐瞒肾病病情，使国家痛失人才，学校痛失学生，家庭痛失孩子。事后据同学反映，大学两年半时间，小凝一直独来独往，寝室也有股怪味道，同学都觉得应该是她的性格习惯和不经常洗澡的原因，碍于面子，大家都没多说什么，也没人向辅导员报告。小凝平时性格温和，为人很好，学习努力，出事那年还是学生会主要干部。抢救时，辅导员第一次看见她紧绑在腰侧的尿袋，含泪为她倒掉了最后一袋尿液，那痛彻心扉的感受至今让她记忆深刻。

在处理小凝事件的过程中，全体辅导员均全力以赴，积累了一定的处理突发事件的经验。事发后第三天，学生家属（包括小宁父亲在内共十人）围着辅导员讨要说法，准备向学校索要赔偿。情绪可以理解，谈判仍需策略。根据教育部《学生意外伤害事故处理办法》第二章第九条，确定学校无过失，因此进一步坚定校方立场，拎清责任，由学部组成谈判团，只与学生家属中两名发言人对话，但家属要求全员参加，最后，学部虽未拒绝，也有策略地留存了音频资料，以备其他次生情况发生。

通过案例，我们了解到处理突发事件的如下四点要素：

第一，对国家、学校相关政策的把握要到位。

突发事件一经发生，辅导员需立即做出反应，与领导共同磋商应对策略，将细节了解详尽。同时对应国家、学校的相关文件、规定，查摆问题，对照要求，与事件发生发展比速度。小凝的案例正是由于事发在假期，且学生身体情况本人和家长并未告知校方，对同学们更是有所隐瞒，此外，学校层面处理到位，送医速度快，与家长联系及时，对当事人护理、抢救果断，医校配合紧密，学校领导关心慰问等细节处理无遗漏，进而使事件得到快速圆满的处理。

第二，对突发情况的分析处理和判断的准确及时性要到位。

事件发生时，一般情况下辅导员是第一个被告知的，因此，辅导员的反应在一定程度上决定了事情处理的效率。根据经验和工作要求，遇到突发事件，辅导员应当以最快的速度指导学生（或亲临现场）处理，根据事实的程度判断、确定报送上一级领导和指挥部门以及学生家长的时间及顺序，同时联系医疗（或公安部门）进行紧急处置。小凝的案例，因突发疾病倒地，第一时间需联系医疗急救。

第三，对家属的理解和安抚要到位。

突发事件的善后处理是降低负面影响、减少多方损失、警示他人、展示形象的重要步骤。辅导员应本着"治病救人"的原则处理，就像处理自己的事情一样，对当事者家属表示同情和关怀。首先应有专门负责接待的老师全程陪同，表达殷切之意但不卑不亢，可逐渐得到家属的信任，便于后续工作开展。其次，相关负责领导要在适当的时候前往探望，表达问候。再其次，须有专门的老师负责整理过程资料，以备家属、领导和谈判所用。最后，要尽力确保和谐氛围的营造，全力预防网络等次生突发事件的诱起。小凝的案例中，家属在校的全部开销由学部承担，虽然并不证明责任在学校，但在一定程度上稳定了家属的心理情绪，为谈判争取了主动。

第四，对次生事件的预判和规避要到位。

一般突发事件体现连锁性特点，尤其情绪的压抑程度和环境的不同而有所不同。如家属情绪问题处理不善或一味关注家属而忽略事发现场其他人的感触，在一定程度上会留有应激创伤。在小凝案例中，学部专门安排一名女辅导员在出事寝室陪同另外三名同学同住一周之久，同时，事发当天，邀请了专业的心理咨询师为同寝同学和其他同学进行危机干预，避免学生创伤后应激障碍的发生。另外，对于班级同学的告知和网络舆情监控也要十分警惕，一旦发现苗头，需了解详尽，及时干预。召开班会，通告全体同学关于事件的结果，组织有意愿的知情人通过追悼会的形式送别当事人，寄托哀思。

案例启示

1. 对学生及家庭的了解要细致入微。任何突发事件的发生发展都传递着学生工作的前期、中期、后期以及全过程的努力,体现了学校的教育方针和管理水平。在把握规定原则的基础上,直接处理突发事件的服务人员和谈判教师是问题处理是否圆满的关键。当事辅导员对学生信息把握的细致程度、事发前与学生的熟悉程度和学生工作的态度,以及事发文字材料的整理水平,也是锦上添花的重要条件。任何人都不希望突发事件的发生,任何突发事件也都并非毫无苗头,但正如小凝的案例,就连小凝自己也没有想过会在什么时候自己的病就真的要了自己的命,那对学生及家庭了解的细致程度就显得尤为珍贵。事发,就要有所预防,"亡羊补牢"绝非马后炮。

2. 加强对学生入学教育审查等复核环节的严格把控。学校应加强对招生入学前三个月学生身份核查环节的检查甄别。对于先天性疾病的筛查要进行双重(问询及检查)处理,组织专门人力对学生档案同样逐一排查。通过家长会、网络联系群组等形式向家长发布学生患病在校的危机警示。通过年级会、班会、军训等环节向学生告知患病问题隐患,明确提出如有此类情况的学校意见。通过寝室传递安全预警信息,抓好班长、寝室长、党员等学生骨干的信息传递途径,全力开展大学生身心健康和实践教育。

3. 进一步完善谈心谈话制度,通过形式多样的实践活动深入学生群体。突发事件妥善解决的实际功夫在于平时。我校大力开展的谈心谈话工作,正是做好突发事件预警的最优途径之一,通过与低年级学生一对一谈话,走进学生内心,促进其倾诉成长发展的细节,提出苦恼和困惑,有效减压。在取得彼此间的信任之余,建立普遍性联系,便于更加有效地开展思想政治工作。对于谈心谈话的阶段和内容,需因人制宜,根据学生实际情况按学期有计划地逐步开展。学校相关部门还需进一步完善谈心谈话的培训和管理,也可通过录制谈话实践教学视频等方法指导辅导员熟悉谈话策略和技巧。运用感性方法与理性政策的共同融汇,提升辅导员做好学生工作的实践水平和细节捕捉能力,理解学生工作基本功的内涵。通过开展户外实践活动,影响激发学生亲近大自然、走进社会的自觉性,坚定共产主义理想和集体主义信念,以高度的责任心和使命感健身健心,全面发展。

4. 学习各类文件,提升业务能力,注意工作积累和资料整理。辅导员应加强业务能力培训,始终遵循党的教育方针和学校发展目标,领会高校思政教育原则,掌握精湛的学生工作技术,主动学习各类文件,学习习近平治国理政新思想和党的二十大精神,认真阅读教育部各类文件,记录关键要求,掌握核心主旨。进一步学习《普通高等学校学生管理规定》《高等学校学生行为准则》《学生意外伤害事故处理办法》等重要规定,熟练运用《大学生行为守则》等工具性规范,加强学生各类安全教育。全面运用朋辈指导等教育方法,注意工作积累和资料留存,有针对性地撰写学生工作案例,不断修正工作不足,思考工作方法,研究工作途径,提升学生工作的实效性和创新性。

危机事件处理步骤建议如下:

1. 根据事件具体情况拨打120急救电话(不可破坏现场任何物件,必要时拍照做好证据留存)。

2.根据事件具体情况拨打 110 报警电话,同时拨打学校保卫处报警电话。

3.确定学生身份,向所在单位学生工作负责人及学生处主管领导汇报。

4.立即通知学生家长。

5.疏散旁观人群,禁止一切电子化言行的网络传播。

6.搜集与事发学生相关的文字材料,撰写处理过程的情况说明。

7.做好目击学生的心理疏导和危机干预。

8.梳理事件全部细节,协助领导做好与家长交涉准备。

9.时刻关注事件进展,做好事件跟进及服务工作。

10.做好家长接待过程记录,整理后续材料及时向相关部门上报。

小凝走完了她短暂的 21 年的一生,她的生命起止自己无法决定,但她的音容笑貌,始终萦绕在辅导员和每一个惋惜她的人的心中。据其父亲讲述,需将小凝的骨灰带回老家后安葬。

突发病情生命垂危，细微关怀助力成长

——大学新生身心健康成长发展工作案例

孙智妍

案例描述

新生入学第一天，学生李某在寝室晕倒，寝室学生立即通知辅导员，辅导员在一分钟内赶到现场。此时李某浑身出汗，有脱水、抽搐、呕吐的迹象，辅导员与李某进行简单对话，发现其意识清晰，于是清空寝室闲杂人员，保持通风，叫救护车后立即向上级领导报告，并通知学生家长赶到学校。救护车到后，辅导员随救护车到医院，急诊医生告知情况非常危急，学生已处于生命垂危的状态，辅导员与家长联系十余次，确认救护、住院等事宜，征得家长的同意。

学生家长赶到时已是第二日凌晨，学生仍处于极度危险中。经医院专家诊断，李某脑部血管畸形造成右额叶脑出血约 40 毫升，双侧脑室，第三、第四脑室积血，生命垂危。他的病情得到了学校领导的关注，领导和老师多次到病房探望，了解并解决其实际困难，给予了家长极大的信心。家长同意手术治疗，术后李某病情趋于稳定。

复查结果显示李某可以正常地学习、生活。为了方便家人陪护，学校为学生和家长安排了后勤公寓的住处。在与家长聊天时，辅导员了解到李某是个十分懂事、要强的孩子，现在病情耽误了课程让他心急如焚，期中考试两门课程都没有及格，这样的落差让他有些无法接受。

辅导员立即找到学生谈心，聊天过程中学生表示这段时间能够安下心来学习，状态还可以，但是有一个问题困扰了自己很久。由于自己是一名定向培养的学生，在校期间有很多事情被区别对待。当辅导员听到"区别对待"这几个字的时候惊了一下，马上详细询问。原来定向培养学生的学号与同年级学生学号不同，在选课后老师的教学名单中是和其他同学分开的，系统中的成绩也是如此，按照班级查询有时无法显示，必须按照学号查询才可以，定向培养的学生选课也与其他学生有所不同。他将这些不同理解为"区别对待"，辅导员马上把定向培养的相关政策、教务办公系统的情况和在校培养的情况向他解释，他听后才明白自己的理解存在误区。这提醒了辅导员，最近李某经常一个人自习，一个人吃饭，与其他同学的关系有些疏远，可能就是这个原因造成的。李某入学后就病危住院，在新同学建立友谊和信任的重要阶段他没有和集体在一起，在人际交往方面确实存在一定的困难，辅导员准备用"特殊方式"拉近他与其他同学的距离。

三天后，辅导员组织了一次班级团体辅导活动，通过"破冰游戏""认识自我""互助体验""团队合作"等内容,加强学生间的了解,增强班级的凝聚力。活动中李某从封闭到主动,渐渐融入了班级,最令他印象深刻的是"合唱一首歌"和"互相赞美"两个环节,让他深刻感受到了合作和互助的温暖与力量,更是让班级同学见到了真实的自己。

临近学期末,李某主动找到辅导员,说明了自己身体的恢复情况,希望能搬回寝室和同学们一起生活。看着李某想回到集体的急切心情,辅导员反复研究了医院的两次复查结果,在经学院领导同意后,辅导员安排李某回到了自己的寝室,并在寝室、班级中建立了应急机制,通过寝室同学、班级委员、级队委员多方面给予李某关注。

学期末李某的考试全部通过,寒假与其他 9 名同学参加了"母校行"的实践活动,回到母校宣传,在他眼中辅导员看到了对未来的无限动力与期待。

案例分析

1.学生因突发疾病入院,辅导员必须征得家长的同意再进行治疗;在家长赶往学校期间也要保持密切联系,尤其是家庭较远的学生,家长需要乘坐飞机赶到学校,手机会有一段时间处于关机状态,如果学生在此期间可能出现的情况也需要与家长提前进行沟通。

2.特殊类别学生辅导员需要特别关注,应做好相关信息、政策的了解和工作的交接,以免发生突发事件时信息了解不全面。

案例启示

1. 本案例是突发事件下的学生培养工作。学生在入学第一天突发脑出血,生命垂危,辅导员应对突发事件较为及时、迅速,这要求辅导员对学生要充分了解,出现突发事件要冷静处理。

2. 在医院治疗期间,学校领导、老师给予了李某无微不至的关怀和鼓励,解决了他的实际困难,对于他的病情恢复和正常的学习生活有着重要的推动作用。

3.辅导员要经常性地开展谈心工作,定期与学生交流学习、生活方面的困惑,及时发现问题并解决,充分调动学生骨干力量帮助其融入集体。

4.本案例中辅导员采用了团体辅导帮助学生克服人际交往困难,尤其是"破冰游戏""认识自我""互助体验""团队合作"等内容对学生影响较大。团体辅导是在团体情境下进行的一种心理辅导形式,通过一系列心理互动的过程,探讨自我,尝试改变行为,学习新的行为方式,改善人际关系,解决生活中的问题。团体辅导在大学生思想政治教育中有着重要作用,对于学生建立良好的人际关系、增强归属感、发展良好适应行为、多元价值观与信息的交流有极大的促进作用。

独孤行者

——人格缺陷重点关注学生工作案例

黎晓明

案例描述

2015 年 8 月,新生群刚刚建成,有班导生悄悄跟辅导员对话,说群里有一个不良分子,时常发布常人不能理解的言论和思想,吓得其他同学各种询问,说能不能不跟她一个寝室……此话一出,辅导员告知班导生们首先认真了解学生究竟在网上说了什么、做了什么、想要怎样。

侯某喜欢把自己"藏起来"。大一学年,同学们在课堂基本无法看到她,级队、班级的集体活动更是鲜少有她的身影,在班级统计个人信息、收缴班团费等日常工作的开展中,也需要班级干部再三进行催促与监督,她才配合完成。侯某习惯性地独来独往,就算在寝室也不爱说话,与室友交流甚少。该生于开学初报名加入了武术社团梅花桩社,在此之后总是以一身训练服进出寝室,并随身携带武术道具,即使冬天也仅身着单薄的训练服。每天早出晚归的她并不擅长与身边的同学分享生活与学习,就连生病了也还是选择一个人前往医院输点滴。她喜欢收藏管制刀具,寝室里除了有武术道具还有短刀等器具,令同学们胆寒。侯某的生活自理能力较差,在寝室不叠被、不打扫卫生。此外,她曾在寝室饲养宠物仓鼠,极大的异味给其余三名室友造成了严重困扰,更违反了校规校纪。

学校新生心理测评,侯某被测为 A 类重度心理问题,辅导员深度约谈其数次。她告诉老师说她恋爱了,男方是一个网友,现在北京读博士,家在大连,还去过对方家里,"婆婆"热情好客,给她做了好多好吃的,她与男友感情非常好。她坦言自己将来也想读博士,就读哲学的博士,自己爱这个专业,喜欢思考的感觉。她还提到家里弟弟妹妹不听话、不好好学习和自己难熬的高中生活等情景。大一第一学期期末的一天,侯某给老师打电话说自己肚子痛,要去医院开腹,吓得辅导员带着一万元现金急急前往医院,好在最终无事而返。

通过那次医院惊吓事件,辅导员与其母建立了长期的联系,将其在校的各种怪异行为细节与其母逐一阐述,并于大一学年寒假前往其家中家访。

大二学年,侯某奔赴山东大学交换学习。交换头半年的学期末,她告诉辅导员说学费交不上了,自己遭遇了网络诈骗,学费被骗走了三千多元,辅导员帮助她申请了学费缓交。大二下学期开学不到一个月,通过另外一名同班交换生得知侯某未经允许在校外住宿且基本没去上课还联系不上,这么远的距离让辅导员心急如焚差点报警,并第一时间与其母取得联系。校内的同学也反映侯某曾通过班群告诉同学说自己结婚了,交换回来后给大家补上喜糖,但辅导员问其母亲是否确有此事,其母坚决否认。此事件为学校带来了不小影响,山大负责的老师也因此致电我校辅导员,双方进行了工作上的深入沟通与切磋。事后辅导员就此事件与侯某通过电话的方式进行了深入的对话,双方也因此达成了一定的共识:学习和遵守校规校纪是一名学生的本分,不能懈怠;安全无小事,自己不是单独的存在,还有那么多关心爱护自己的人;没有经验、无知不可怕,可怕的是没有发现自己的无知。

因大二在山大所修学分较少,她返校后紧锣密鼓补修学分。或许她不再有太多时间考虑那些天马行空的想法,或许她经历了波波折折之后看到了自己的不足,或许她在尝试过未经"体验"的社会以后,内心中多少有了一些收获而选择努力尝试改变残缺的过去。至少,大家看到了她的变化,虽然她依旧孤独,却逐渐有了人性的温度。

案例分析

此案例体现出了个体在成长过程中如下几方面问题:

第一,多子女的家庭,少教育的环境。

学生家庭子女较多,家庭经济压力较大,父母在其很小的时候没有尽到应尽的责任,将其委托给老人看护,学生因此没有得到良好的教育。学生与其弟、妹年龄差距较大,弟、妹出生后,父母有明显偏心表现,促使学生产生情感转移和不平衡心理。初中过早开始的住校生活在一定程度上影响了学生早期家庭亲情关系的巩固,导致其处理问题的方式单一,情商较低。高中过度的学习压力和高考复读的经历让学生饱受折磨。

第二,早年青春期创伤背后的故事。

学生自述,初中一任课教师曾多次出言侮辱,大尺度的怒骂和不堪词语的使用,给学生青春期思想发展的关键环节造成了严重的伤害,由此开始了错误认知观念的产生。初高中部分学生娱乐、休闲、情感外化等现象的相互影响,也在一定程度上促使该生产生了青春期情绪压抑、无组织思考、错位审视、无焦点定位等思想观念,同时也成为学生人格形成期无交流、无实践成长的主要诱因。

第三,与世隔绝的行为习惯导致社会功能认知退化。

上述问题的长期累积,导致该生自卑心理泛化,加之其性格内向,外表其貌不扬,更使之加深认定周围不良言论的真实性。在内心反复挣扎之后,学生选择接受并痛恨自己及周围的声音,进而选择远离环境,排斥与外界接触,否定自己。但苦于学习要求和考大学目标牵制,不得不隐忍压抑,压力长期得不到释放,内心的呼声得不到倾听,久之而郁结,甚至产生幻觉,即其所谓的"奇怪表现",最终演变为社会功能的退化和行为能力的降低。

第四,个人能力与发展目标匹配错位问题。

学生长期处于幻想之中,内心世界与外界关联不大,眼神迷离、呆滞,内心波涛汹涌,在个人构建的虚幻世界中,女主角能力强大,善于惩奸除恶,表现在旁人眼中就是对管制刀具的喜爱和武术的执迷。以瘦为美的评价表现在冬天身着单衣,内心的空洞和冰冷不言亦明。不上课、自己思考且能顺利考研的想法更体现了其内心对学习和发展目标的错误认知及尚不明确个人实力的空想主义思想。以上均为错误认知和人格缺陷条件下非实践过程的负面表现。

案例启示

此案例为典型人格缺陷个体发展指导案例,属于心理咨询指导工作范畴。思想教育固然重要,但更多在于分析出现此类问题的根本原因,解决需要寻根溯源,找到学生创伤背后的本质问题和学生需求的关键点,理解优于惩处。包容式管理和疏通式教育方法的介入,既能确保工作过程相对安全,也将对目标效果起到事半功倍的作用。

第一,共情式深入学生内心,获得信任,倾听学生故事,引导其释放压力。处理突发事件的实效性需认真把握,对话沟通的艺术性也需积极揣摩,好的语言胜过千军万马。平时的关心积累和对学生进行及时有效的面对面指导是学生工作共情实施的核心。此外,不偏听偏信、多方取证也是处理特殊问题的有效途径。渐进式的沟通可促进学生讲述事件过程,分析事件利弊,查摆问题,明辨是非,进而减轻压力。

第二,做好长线咨询工作准备,耐心倾听,适当提示,将教育语言转化为学生发问。一切类似事件本身并无突然,背后必定经历着过程的演变,因此,有效解决问题也绝非一次就能成功,做好学生指导也不是一蹴而就,更多的可将问题拆分成几个维度或若干细节,言简意赅隐晦提示学生后,指导其用时间沉淀,加入分析后再精细加工,得到不同的认识再谈,进而将教育语言转化为学生内化思考,使其自行讲述,咨询效果便会逐步显现。

第三,家校联系的紧密性建设。我国教育环境体现,大学期间学生发生发展的个案摆脱不了与监护人的博弈,学生家长作为年满十八周岁成年人背后的支持,其角色至关重要,我们要理解并重视家长的存在意义,将对学生负责、对家长负责、对学校负责和对事件本身负责作为工作点睛之笔。此项工作做得好,对高等教育声誉的促进影响力极大。

　　第四,及时做好工作梳理和记录,适当形成并不断完善处理此类案例的工作流程。案例本身不是工作模板,而是对工作的思考、整理和提炼,不断总结案例中未知问题和特殊之处,使之成为提升辅导员工作技巧的素材。不断完善工作案例,积累工作经验,时刻保持清醒头脑,终将成为面对各类棘手问题能够从容应对的专家型学生工作能手。保持学工队伍的研究常态,促进辅导员始终为高校德育工作贡献力量,我们需立足一线,终身研究。

由重度抑郁学生轻生倾向事件引发的思考

——一名重度抑郁学生轻生被及时发现和处理的过程

范苏月

案例描述

小李,男,父亲常年打工,母亲没有工作。该生性格内向,愤世嫉俗,大二学年开始,出现多门课程挂科。

一天晚上,小李的同学发现其有一些不正常的言论,如"你们再也见不到我了""我以后不会再上课了"之类。辅导员当晚立即安排其寝室同学整夜看护。

第二天一早,辅导员与小李进行了谈心,了解其心理状态、学业压力等,学生表现出情绪低落。随后,辅导员将相关情况告知其家长,但家长表示暂时不能来校,请学校给予帮助,假期时会带学生到心理医院诊断。

第二天下午,辅导员联系心理咨询中心,并安排学生进行咨询,心理咨询老师结合约谈情况及学生 QQ 聊天记录,进一步确认该生有明显的轻生意念,建议辅导员重点关注并马上与家长联系。辅导员再次联系家长,但并未得到积极回复后,安排学生干部对其进行24 小时监控。

第三天一早,辅导员再次联系家长,了解到该生已向家人表达自杀想法,并准备退学。随后,辅导员与小李进行了深入的沟通,并在征求家长同意后,全程陪同其办理了退学手续。该生全天情绪低落,言语少,思维慢,悲观消极,具有明显的抑郁症表现。

第三天晚上,小李在辅导员的陪伴下在宾馆住宿,第四天下午学生母亲来连,辅导员全程陪同,将学生亲手送至家长手中。

辅导员陪同过程中,该生表示,自己痛恨这个肮脏的社会,也痛恨自己,所以想要自杀,但最终没有勇气。

案例分析

1.要有效发挥学生干部及寝室同学的作用。该事件由学生干部反馈,事发后寝室同学 24 小时监控。

2.对于有心理问题的学生,要及时对接心理咨询中心,并根据相关意见有效处置。

案例启示

  1. 事件中,该生的父母因文化程度低,对于抑郁等心理疾病并没有足够重视,需要辅导员多次沟通交流。

  2. 该生性格内向,在事发前期,有情绪低落、言语少、思维慢、悲观消极等明显的抑郁症状,但寝室同学未能准确识别,因此应在大学生群体中加强对于心理知识的普及。

成长故事篇

"未来属于青年,希望寄予青年。"

青年是整个社会力量中最积极、最有生气的力量,青年的成长成才关系着党和国家事业的兴衰成败。一直以来,党和国家始终高度重视青年、关怀青年、信任青年,对青年一代寄予殷切期望,提出严格要求。青年学生是大学生思政教育的主体。通过思政教育,激励新时代高校学子不断展现青春力量和报国情怀,一直是思政工作者的努力方向。

百舸争流,奋楫者先;千帆竞发,勇进者胜。

菁菁校园中,不同的青春身影,不同的奋斗姿态:他们或在学术科研中潜心钻研,或在学生工作中感染大众,或在志愿服务中奉献青春,或在文体活动中绽放芳华。他们高扬理想情怀,认真履职尽责,不断提升自我,追求全面发展,不负青春韶华,谱写着一首首唯美动听的青春赞歌。

当代青年应始终保持向上的奋斗姿态。因为我们坚信,只有跋山涉水者,才能真切感受山川壮丽;只有奋力攀登者,才能亲眼看见最美日出。

本篇收录了张大煜学院10名优秀学生成长故事,希望透过他们的传记,能够激励更多学子保持昂扬向上、奋发有为的菁英之姿,担当起时代赋予青年的责任与使命,用汗水浇灌收获,以实干笃定前行。

卓越之路，你我携手前行

——张大煜学院优秀学生成长案例

李 朔

案例描述

李朔，男，河北省廊坊市人，2016年考入大连理工大学应用化学（张大煜化学菁英班）学习。追求卓越是他的人生信条，拼搏进取是他的人生哲学。让我们一起走近他的卓越之路，探寻他走向优秀的秘密。

在党团学习方面，他积极向党组织靠拢：2016年9月，郑重递交入党申请；2017年11月，通过当时化工与环境生命学部考核，成为入党积极分子；2019年3月，获"校优秀团干部"称号；2019年6月，入党宣誓，成为中共预备党员。在大学学习期间，他坚持高标准、严要求，完成团支部和党支部布置的全部学习任务，以一名共产党员的标准坚定理想信念。在学习与科研方面，"青年要立志做大事"是他常挂在嘴边的一句话。作为基础科学班的一分子，他一直在向成为一名化学家的方向努力奋斗着，学习成绩综合排名年级第一。传说中"必有一挂"的"有机化学"和"物理化学"课程都获得90分以上的分数。除个人学习之外，经过向有机化学老师申请，他还主动为同学们讲授四章有机化学课，校对本校出版的有机化学习题集，为2018级、2019级学弟学妹出题测验，安排无机化学期中模拟考试并组织考后讲评，取得突出成效。此外，他还积极参与科创比赛，提前加入科研课题组，为解决实际问题做贡献。在社会工作与社会实践方面，他连续四年担任班级班长，同时还兼任2018级班导生。在担任班长期间，他通过经验交流会、"一帮一"计划，营造班级学习氛围，同时督促同学们积极参加比赛，在学习之外全面发展。经过同学们的共同努力，化大煜1601班连续两年被评为校优良学风班与校先进班集体。除此之外，他还积极参与社会实践，注重班级、寝室内部建设，多次获得"校优秀三好学生"等荣誉称号。

案例分析

通过李朔同学的成长发展，可以看到在他的卓越之路上体现出了如下几个特征：

第一，思想上同党组织靠拢，积极要求入党。世间万物，无信而不立。思想上的先进可以指导人们的行动，让大家充分发挥主观能动性。李朔同学积极追求入党，一方面让他学习到了先进的思想并作用于他的日常学习生活，另一方面也给了他"一定要承担吃苦在先"的认知动能。两个因素共同作用,让他给予了自己充分的动力并树立更高的要求。

第二,学习与实践双轨并行,形成良性循环。学习脱离了实践,就会失去学习的意义,而实践脱离了学习,则变成了"空中楼阁",终有一天会倒塌。李朔同学除了学习上的优秀之外,还积极参与各类科研实践研究,成功做到了学以致用,把自身的学习应用于实际问题的解决,从而实现人生价值,为科研做出贡献。

第三,拓宽自身视野和涉及领域,立足优秀平台。李朔同学做了四年的班长,担任新生班导生,做梦想引路人,积极参与各类社会实践项目。可以说,他并没有仅仅把目标局限在学习与科研上,而是在用奉献和付出不断拓展情怀、拉伸视野,在大连理工大学这个优秀的平台上充分发挥所长,全方位提升素质、塑造能力。

案例启示

"夫学须静也,才须学也,非学无以广才,非志无以成学。"作为大连理工大学的大学生,我们应当立足大工这样一个优秀平台,充分运用学校提供的各类资源,德智体美劳五育共促,力求全面发展。学生的本分是学习,但绝不止于学习。

交叉科学所获

——张大煜学院优秀学生成长案例

袁 艺

案例描述

大连理工大学张大煜学院 1601 班袁艺,连续三年获国家励志奖学金,并以专业综合排名第二、学习排名第一的成绩成功保研。

可能与大多数学生的情况不同,袁艺是高考失利后被调剂到这个专业的。一开始,她对化学并没有那么热爱,也曾想过转专业的问题,但转专业需达到相应的要求,所以在大一刚入学,她就知道自己必须努力学习才能有重新选择的权利。她是调剂而来,那说明高考成绩在专业里有可能并不理想,而且她也没有参加过任何竞赛,因此,她以"竭尽所能,就算失败也不后悔"的宗旨严格要求自己加油努力。第一学期结束后,她考到了年级第三,达到了前百分之五,这个成绩极大增强了她的自信,可以做到第三,那么第一也不会远,抱着这个心态,最终,大一学年总成绩顺利实现专业第一。袁艺之所以取得这么好的成绩,也与她的学习方法有关。她非常注重日常积累,课后作业一定要当天完成,还要做到课前预习、课后复习,也因此,她从来没有考试前突击复习的经历,反而是在考试前积极调整状态,尽量放松自己,因为考试就是这样,及格拼的是知识,而高分拼的是心态。

此外,在大学生活中,不只有学习,还有科研以及丰富多彩的文体活动。袁艺同学非常注重科技竞赛,但是意识到其重要性的时间有点晚,所以即使再有心参与比赛,也很难找到比赛经验丰富的团队,所以虽然参与了很多,但并没有拿到名次,也因此错失了获得科创类奖学金的机会,也与"国奖"等大额奖学金失之交臂。

袁艺同学从高中以来都很喜欢生物这门学科,在学习化学专业之后,袁艺发现化学与生物很接近,而化学与生物的交叉学科也受到了越来越多人的重视,这于她而言是一个机会。袁艺也抓住了这次机会,保研申报了中科院上海有机所的生物与化学交叉中心,主攻化学生物学方向。能够进入中科院,还能做自己喜欢的方向,找到适合的导师,这个结果对袁艺而言,令她十分满意。

案例分析

袁艺同学为什么可以在大学四年交上一份这样令人满意的答卷?首先是袁艺同学在

高考失利之后并没有灰心丧气,而是给自己一个目标,努力证明自己,面对困难迎难而上。其次就是找到了适合自己的学习方法,不浪费时间,不虚度光阴,而不是像大多数人,一上大学就放松下来,平时不学习,考试前突击,这样是很难拿到高分的。最后就是袁艺同学非常清楚地知道自己想要的是什么,怎么样将自己想要做的方向与自己所学的知识结合起来,并一直为之努力,所以也就很容易转入学科交叉的方向。

案例启示

　　袁艺的经历提醒广大青年大学生,大学之前的积累会产生一定的实力差距,但绝对可以用努力来填补。成绩一定和努力成正比,也许世界上不是所有事情凭着努力就一定会有回报,但在大学,学习成绩却永远不会背叛努力。在学习之余,学生可以多参加科技竞赛,通过多方渠道获取比赛信息,丰富课余生活之余还有机会争取荣誉,为自己的成长锦上添花。

　　对于那一小部分想过转专业的同学们,在这里可以给一些建议:袁艺同学也想过转专业,但是最终却没有选择离开,是因为随着学习的不断深入,她发现,现在科研解决的问题已经越来越复杂,单靠单一的思路已经无法完成,所以现在各种交叉学科也越来越重要,而基础科学是很多问题能够深入研究的根基,所以各种学科之间的交叉非常多,比如生物、材料、计算机,等等。在考虑转专业之前,不妨多了解一下自己喜欢的学科之间的交叉。这是袁艺在夏令营时学习到的,所以她最终选择了化学生物学专业,既可以做自己喜欢的方向,又不至于将大学努力了四年所学到的专业知识扔弃,而是运用自己所学,以另一种思路解决选择问题。

探寻更好的自己

——张大煜学院优秀学生成长案例

李博楠

小李,女,辽宁铁岭人,2016年考入大连理工大学化学专业学习,连续三年获得学习优秀奖、国家励志奖等荣誉。在大学中,她从懵懂无知的孩子长成了独立自主的大人,四年的大学生活让她从迷茫中找到了前进的方向,并决心在以后的日子里,向着心中目标,始终前进。

案例描述

小李出生在一个小镇上,家里只有她与母亲二人,虽缺少父爱,但母亲给予她的是两个人的爱,也并没有让她产生太大的心理阴影。虽然遇到过挫折,但天生乐观的她总有办法让自己快乐起来,也总有办法让自己变得更好。小李从小学到初中的学习成绩在班级乃至学校都名列前茅,在那个小镇里,说起小李同学,大家都知道,这孩子学习可好了。

高考结束,小李以635分的成绩来到了大连理工大学。在报考专业的时候,小李突然发现,自己的前17年都在世界的一个小小角落钻研着面前的书本,"一心只读圣贤书",而对外面的世界一无所知,她不了解任何一所高校,不了解每个专业,不知道自己想干什么,更不知道那时的选择意味着一生的投入。她想着:"自己的性格不擅长跟人打交道,可能比较适合做研究吧,干脆就报个学术一点的专业,搞科研嘛,也是个不错的选择。"于是抱着对高中化学的热爱填报了化学专业志愿。来到大工,她就抱着两个目的:多交朋友、好好学习。新生诗歌朗诵比赛,小李被选为了女领诵,因"一嗓门"把班级送进了决赛,也因"一停顿"没得到名次,还因为试礼服没赶上重要比赛,这些遗憾小李叹息了四年。后来,小李加入了自强社,大一时的她觉得学习才是最重要的,这些学生组织应该跟高中一样都是摆设,例会、活动不参加也罢。那个时候的小李还没有学会担当和责任。在大一结束的最后一次例会上,部长和副部们讲了这一年的遗憾和满足,小李被感动了,原本没打算留的小李最后留了下来。小李后来很庆幸自己的留任,因为她收获了更多的友情和感动。在这一年,小李作为学姐也学会了分享和鼓励。大学毕业时,当小李已经不记得学习是怎么学的时,仍会记得部门里的几个朋友一起吃饭、一起自习、一起谈天说地……大学里能有这样一段难忘的日子,真好。大三那年,小李有了她的第一次答辩经历,从第一次做PPT到准备讲稿再到上台演绎,小李经历了好多个"第一次",受到了很多人的帮助,也收获了很多经验。虽然在"十佳学子"的评比上失败了,但在"励志榜样"评选上,小李成功了。看着别人的答辩,小李觉得,自己前两年真的是荒废了,人家利用那么多空闲时间做了那么多事情,而自己好像把时间都花在了学习上,到头来也没有学得特别好。小李决定,今后好好培养兴趣,实现素质能力的提升和突破。小李经常跟学弟学妹们说,大学要多参加活动,多加入学生组织,因为经历后才会知道什么样的人才是这个社会真正所需要的。

案例分析

一、农村孩子视野的相对封闭

在案例中提到,小李在高考报志愿的时候根本不知道相关的学科和学校会给她带来什么,她也不知道自己喜欢什么,不知道自己以后想做什么工作、做什么样的人。这其实是很多家庭、很多孩子都存在的普遍问题,在准备高考的时候只知道学习,而高考之后很多人失去了方向,根本不知道考了这么高的分数是为了什么,反映出农村家庭孩子的成长环境问题,视野没有得到很好的拓宽和对外面世界信息的未知。

二、进入大学之后的发展被动

从案例中可以看出,小李进入大学后虽然想得很好,想认识很多朋友,但却没有积极主动地去加入并融入其中。在大学,倡导平台建设,个人不主动参与,就会封闭自己、局限思维;如果信息不畅通、什么也不知道,就只能生活在自己的象牙塔里。

案例启示

1. 在条件允许的前提下,多走进外面的世界看看,有助于增长见识,并且忘却烦恼。
2. 不只是在大学,年轻人在社会中也要主动去了解和挑战未知世界,保持好奇心和自信心。

笃行致远,大煜标兵

——张大煜学院优秀学生成长案例

案例描述

2017 年,小陈考入大连理工大学张大煜学院。走进大学殿堂的同时,他也懂得了使命和担当。在学校,他课堂、活动会场、图书馆三点一线;在保持自己学业优秀的前提下,协助同学们努力提高各自成绩;他担任班长,积极关注同学各方面状况,努力保持优良班风,最终带领班级获得"优秀班级"荣誉称号。小陈在学习的同时,主动承担学生工作,不断履行学生干部使命。学院独立运行之初,他担任首届学生会主席,凭借事无巨细的态度和勤勉踏实的工作作风,带领新组建的学生会走向成熟。一次又一次的实践让他不断成长,并学会了责任和奉献。在追求知识的同时不断结合社会实践,知行合一助其全面发展。两年的大学生活让他理解了奋斗的必要,他誓立宏图志,做大煜精英。大一加权平均分为 83.68,大二加权平均分为 91.35 分。专业第二、综合第一的好成绩为他的学生本职递交了圆满的答卷。他潜心立志科研,积极参加大学生创新创业训练计划,从而了解化学前沿,领略科研风范。他凭借专业知识,承担项目研究,实验如鱼得水,并被推荐为学校代表出席辽宁省创新创业年会。小陈积极传承大工红色基因,在勤勉奋进中砥砺前行。

案例分析

小陈,一个自强不息、努力拼搏的普通男孩,用汗水书写青春,用奉献担当使命。他只是大工众多学子中的平凡一员,但他用求实和坚持描绘了属于他的传奇。通过对自己的不断鞭策,他在校期间认真学习,积极工作,努力贡献。他担任学院学生会主席,组织大型活动,冲锋在一线,展现他忘我的工作热情,不仅为学院做出贡献,还促进了个人综合能力的全面提升,在砥砺自我中走向成功。每年都有很多学生走进理想的高校,开始新的学习生活,相对于只需要学习的高中时期,大学无疑多了自主和灵活,也有更多的选择和不同的信息,如何利用这个相对自由的平台走向成功?探寻优秀和卓越总是偏爱探索者这一真谛。

案例启示

1.目标是成功的第一步。在大学生涯中,只有先确立目标才能为之不断地奋斗,直到目标达成。目标对于学生来说相当于前进的明灯,如果没有目标,学生就会像一只黑夜里找不到灯塔的航船,在茫茫大海中迷失方向而随波逐流,达不到岸边。目标分为短期目标和中长期目标,就大学生而言,短期目标的设立便捷有效、可行性强。

2.艰苦奋斗是走向成功的途径。在任何一种博大的辉煌背后,都掩藏着鲜为人知的艰苦奋斗。生命需要拼搏,奋斗与不奋斗,结果截然不同。生无所息,保持奋斗姿态,让世界变得如此灿烂,让人生如此多姿。千万不能满足小溪的平缓,否则也就选择了平庸,只有触及山峰的险峻,才有机会欣赏战后的卓越。

3.不忘初心是成功的基石。不能忘记奋斗目标,时刻自我勉励、深思醒悟。在学习生活中不被眼前事物迷惑,朝着最初的目标永不停步。不忘初心有时候是一个方向、一个目标,有时候是一种态度、一种选择,有时候是价值观念、做人守则,它时刻提醒我们,什么是最重要的东西、最在乎的事情,也提醒我们,永远不要忘记来时的路。

青春无悔须奋斗

——张大煜学院优秀学生成长案例

曹 旭

案例描述

阿九的故事要从中学讲起。阿九是个男生,独生子。他在初中时不太会和周围人打交道,还好,那时的他把注意力放在了学习上,因为学习好能够获得家长和老师的表扬,这让他感到开心,仅此而已。

阿九凭着自己的学习能力在初中做到了名列前茅,很快他迎来了中考,考上了市里最好的高中,而且,在分班考试中出色发挥,考进了理科实验班。这个班从高一入学前就已经确定是理科班,也就是说高一到高二他都没有被分班。

高中离家有点远,阿九每次回家或去学校都要转两次车,坐上两个小时才能到。阿九父母有自己的工作,阿九就选择了住校,虽然这样能锻炼他的自理能力,可阿九没想到的是,脱离了父母的管束,独自面对一个全新的环境,成为困扰他高中三年的最大难题。

阿九在初中不会主动说话,自然也没什么朋友,所以阿九想在高中阶段多交几个朋友,体验友谊。阿九的两个室友爱玩网络游戏,晚上睡前两个室友总是会聊一些游戏,越说还越带劲,阿九没玩过,也插不上话。阿九很着急,很想和室友们聊天却苦于没有话题,一个也没有。

久而久之,阿九和隔壁寝室的小龙逐渐熟悉起来,原因是他们俩的家离学校都很远而且顺路,开学不久的一个周末,班里只有他俩选择了留宿学校。一天,小龙找到阿九,商量周五晚上一起去网吧玩一宿,第二天再回家,阿九就跟父亲说周五在学校住一晚,周六回家,于是阿九和小龙一起去网吧通宵,阿九接触到了当时很火的一款游戏。游戏里的世界让阿九感到新奇有趣,于是,阿九为了玩这款游戏,隔三岔五去网吧,还通宵。阿九也因为会玩游戏了,开始和室友有话题聊了,对阿九而言,他终于有了可以分享自己感受和心情的伙伴,当然,是和阿九一起玩游戏的同学。

阿九感觉逃避家长的监管去玩网络游戏是一件很刺激的事,游戏给他带来的成就感也是他从未体验过的。于是,变本加厉去上网的剧本变成了阿九的真实生活,高二有一段时间,他几乎每周都会去网吧通宵一次,有的时候周末两天他甚至就"住"在网吧。长期不规律作息让阿九的状态很差,平日里听不进去课,学习成绩也一落千丈。

阿九从高一开始就喜欢上了班里的一个女生,这个女生喜欢戴鳄鱼手套,所以外号叫"小鳄鱼"。但是阿九不会找话题,没和她说过几次话。有一次换座位,阿九和这个女生阴差阳错地成了同桌,就有了许多说话的机会。阿九在高二时状态很差,虽成绩滑落但却鼓起勇气,他向"小鳄鱼"表白了。"小鳄鱼"不知道该回答些什么,后来她写了一封信给阿九,表示被喜欢是一件高兴的事,但学生最重要的还是学习,并指出阿九最近心思没有放在学习上,她希望在学习上两人可以共勉,以后还有可能进入同一所大学。

阿九也想摆脱身上的负能量,发誓要在学习上追上"小鳄鱼",一想到能和"小鳄鱼"有机会在同一所大学上学,阿九就很开心,充满了学习的动力。

阿九告别了非主流的自己,也找到了学习热情,成绩逐渐有了提升,一切都似乎好了起来。可是临近高考,阿九却因为害怕和高中同学分离,尤其是和"小鳄鱼"分离,患上了失眠症。同时也因为长时间高考复习的紧张感,阿九有了一定程度的神经衰弱,害怕和别人交流。

阿九高考考入了大连理工大学化学系。大学有丰富多彩的课内外生活,阿九选择了一些去尝试、去体验。但阿九还是有些害怕和别人交流,高中遗留下来的心理问题还是多多少少地存在着。

有一天,阿九去了学校的心理咨询中心,向老师说出了自己的经历与内心的苦恼。老师认真地倾听后和阿九一起分析这些苦恼的来源,并委婉指出了阿九在认知上的错误。阿九开始意识到自己的一些不正确思维方式成为烦恼的来源。于是,阿九又定期找老师做过几次咨询,通过自我疏导和排解,厘清了大学阶段身边各种事情的重要等级,完善了自己的价值观。

后来,阿九凭借勤奋的努力和持续稳定的心态,获得了专业靠前的名次,积极参加学生工作,还多次获得国家励志奖学金。再后来,阿九通过保研的方式进入了自己感兴趣的课题组,以科研的方式实现着自己的人生价值。

案例分析

经历过网络游戏的诱惑,也经历过高考后心理的阵痛,是什么支撑阿九一次次从阴霾中走出来?阿九知道自己想要什么并且会为之尝试努力,即使遇到困难也会找办法解决,及时止损,不会让人生道路上的绊脚石变成拦路虎。

阿九拥有正确的人生观和价值观,能够清楚地把握自己作为学生的职责,以学习为重才能打牢基础,更好地丰富自己的生活。阿九也暂时表现出逃避,但一直有清醒的头脑。阿九有过不小的心理压力,但能不退缩,勇于面对,积极克服,并且主动探寻出路,开展心理咨询。

案例启示

正确的人生观和价值观对大学生的发展意义重大。人生观是对人生的目的、意义和道路的根本看法和态度。价值观是人由心中发出对世界上存在万事万物的认识以及所持有的对待万事万物的态度。人生观和价值观是大学生处理生活事务、进行纷繁选择的根本依据,对大学生人生发展有着重要的指导意义。

人是实践的主体,是历史的创造者,而大学生更是实践的主力军,是社会发展的主力军。实现个人价值需要我们全面提高个人素质,提高知识文化素质和思想道德素质。能够在岗位上埋头实干,发挥自己的聪明才干,具有百折不挠、不怕困难、不怕失败的精神。建立科学的价值观,树立崇高理想尤为重要。

只有树立正确的世界观、人生观和价值观,一个人在人生旅途中才能够清晰地看到远处的灯塔,才能够点亮手中的指明灯,走好脚下延伸的路,以及拥有披荆斩棘的智慧和勇气,才更有可能成为一个高尚的、脱离低级趣味的、有益于人民的人。

奉献——青年人的时代使命

——张大煜学院优秀学生成长案例

张　悦

我们大工人,要做的不仅仅是刻苦学习、专注科研,更要关注社会、关注民生,哪怕只是为社会做出一点点贡献。这才是"红色基因"更进一步的具体表现。

案例描述

张悦,来自安徽阜阳,2017年考入大连理工大学张大煜学院。作为一名来自偏远农村的家庭经济困难学生,她知道自己能考上大学是一件多么不容易的事。父母的艰辛劳动,家乡对优秀学子的慈善资助,无时无刻不在提醒她,要好好学习,要多做好事。

进入大学的第一年,她就被学校里开展的各类公益活动所吸引。在学习之余,她也积极报名校内外公益活动:校外,探望养老院、孤儿院,无偿为留守儿童做家教;校内,组织学业困难学生集体自习、答疑,清扫教学楼教室,收集废弃塑料瓶,清扫马路落叶……你问她累吗,她会回答:"不累!"她把公益看成回报社会、报答他人的一种方式,并乐在其中。大一学年,她在学院自强社任干事,和学长学姐一起组织活动,为申请助学金的贫困学子寻找努力前行的希望。在对公益活动有了进一步的认识后,大二学年,她选择留任自强社副部长,同时还通过了校团委实践部的面试,成功担任了中心副主任。大二的她已经不是大一那个青涩、一无所知的小姑娘,在一学年的锻炼下,大二的她更有经验,也更有能力。并肩成长不是一人独行,和其他同届同学一起组织大一新生公益活动,并激发他们对公益的热爱,扩大公益志愿者队伍,是她和有志同行的全体大工青年志愿者最大的愿望。在她的努力下,越来越多的人加入了校内外公益活动,并感受着公益活动的快乐。

积极做公益活动的她,仅大二学年便累计公益时长120余小时,荣获"大连市一星级红十字志愿者"称号。寻找学习与社会公益的平衡点,她一直为之努力探索,在这个过程中,她忙碌着,也快乐着。"路漫漫其修远兮,吾将上下而求索。"未来的她,唯愿服务社会、与爱同行。

案例分析

山里飞出金凤凰,用一颗柔软的感恩之心成就坚强的奋斗榜样。坚韧源于勤奋、专注、自省,正直源于质朴善良和优秀的家庭教育。向上的执着和奉献之力,充分体现一路成长的党的正确指引和教育环境的熏陶。张悦的勤恳为大学生树立了模范,不仅应有扎实学识,还要有无限的追求和不竭的动力,保持正确的方向。

案例启示

学习是学生的第一要务。除了努力学习、专注科研,承载"红色基因"的大工学子更要关注民生、关注社会。张悦同学的事迹便是一个平衡学习生活和社会公益工作的优秀案例。只有多多参与社会生活,了解基层实务,才能感受随着新时代发展,社会公益中"红色基因"的具体内涵。知建校之不易,知父母之辛劳,知社会之疾苦,故知学习之任重,知未来之道远。在学习生活之余,我们提倡大学生多参与校内外各类社会工作、公益活动,在感受社会生活的同时,知己责、承大任、勇担当,牢记肩负的历史使命,更好传承并发扬新时代赋予的"红色基因",努力成为"有理想、有责任、有担当、有爱心"的新时代优秀大学生。

目标的力量

——张大煜学院优秀学生成长案例

程　熙

案例描述

　　冬去春来,晃眼间 18 年,说长未长,说短不短。2018 年 9 月,怀揣着理想和信念,小程来到了大连理工大学张大煜学院。全新的大学生活既是挑战又是机遇,从进入校门的那一刻起,小程就给自己设计了大学四年的轨迹:"务实学习基础—科创实践真知—保研进入高校。"虽然大学中充满诱惑,但小程没有忘记自己的初心:6 点起床,23 点半熄灯,规律的生活作息使时间效率最大化;刻苦钻研,善于反思,端正的学习态度让挫折变得有趣。大一学年,小程加权平均分为 86.13,多门高难度数学类学科取得90＋的成绩。在保证学习进度不落下的同时,小程担任了班级团支部书记,组织政治学习,推选优秀团员,开展团建活动,领队社会实践。一次次团建,让她在集体中找到自己的位置;一次次理论学习,让她领悟党性的优越;一次次答辩,磨炼了她的勇气和毅力。在课余生活中,她参加辩论赛,报名运动会,为学院院徽设计出谋划策。不同的比赛让她认识了更优秀的人,也正是因为看到别人的光芒,在今后的路上,小程更加确定了自己的目标:不断完善自我。除此之外,科研路上,虽然小程高中时没有实验基础,但小程不惧缺失,忠于事实,即便是周末的每一次实验,她都以完成课题研究的态度全力以赴,尽最大可能做到最好。

案例分析

　　在进入大学之初,小程只是一个相对平凡、普通的女孩。但在这一年的时间内,她善于规划时间,敢做敢想,拒绝拖延,将效率最优化。不管是对待学习还是对待实验,小程都努力做到最好,看重过程,不看重结果,她在学习过程中提高很快、收获很多。多次组织活动的经历,既锻炼了她的能力,发现自身的优势、长处,又加强了她与同学的交流。不忘初心、忠于事实的基本判断使她在科研路上越走越远。平衡好身份的转变,是她做好学生和学生干部的核心秘诀。

案例启示

　　成长的过程必定是坚实而厚重的。无论多么普通的人,都曾有过自己的梦想。与其在意别人的看法,顾虑太多,增添不必要的想法,不如将想法付诸行动,因为努力和拼搏过的自己,都将比以往更加自信动人。成功的方法在于追求结果,失败的原因在于固化结果。只有结果而没有细节与过程的幻想,注定只能是幻想。未来不是想出来的,而是由一个个现在去实现的。勇于突破自己,给自己一个机会,才会发现不一样的美丽。

　　效率是工作的保证,在确定目标后,首先应思考的是如何提高效率。全神贯注才能高效率工作,拥有充实的生活才能不断努力向前。不管做什么,哪怕是完成一次课堂作业,都不要把它当成一次任务,而是自我提高的一个机会。每日进步哪怕少许,终有一日能聚沙成塔、积羽成舟。当量变达到质变时,即使是一只丑小鸭,也会变成白天鹅。

　　忠于事实,守住自己的原则,可能在短时间内会给自己的成绩扣分或者带来一些麻烦,但从长远来看,每一次犯错都在促使你反思,促使你发现问题。挫折是成功的先导,失败和成功一样重要。迎难而上,越挫越勇,最终迎来的不仅是成功,还有一颗强大的内心。

小哲的"小哲"

——张大煜学院优秀学生成长案例

贺 哲

案例描述

　　小哲,大连理工大学在读学生。他从小聪明好学,是学校的学习尖子生,班主任和各科老师都很器重他,但在高考中因严重发挥失常,考入了大连理工大学应用化学专业(张大煜化学菁英班)。他心里想着自己高中读的是重点,初中也是重点学校,自己的基础那么好,在大工不用好好学习就应该可以取得好成绩。可那句"骄傲使人落后"在小哲身上体现得可谓淋漓尽致。由于升入大学以来的骄傲心理,小哲开始"飘",他总是告诉自己:"我基础这么好,大学学习对我来说也一定不难!"同时,小哲与其他大学同学交流的时候,他们都说,学长告诉自己,在大学生活中,平日里根本就不需要学习,只要临考时突击一下,就能顺利通过,也能取得很不错的成绩。这些观点让他形成了一种错误认识,即在大学里平时的学习并没那么重要,要想取得好成绩,期末的复习才是关键,只要在期末考试前好好复习,顺利通过考试,甚至取得高分是没有任何问题的。

　　于是,他在第一学期临近期末考试前才开始复习。但是,他渐渐发现大学的学习过程是一个知识不断积累的过程,正是有了这种积累,有了基础,在复习中才会比较轻松。由于平时没有认真学习,小哲一切都要从头开始,别人在复习,而他还在消化新课,显然每次考试前的复习就只有很短的时间,肯定不够用,这时小哲才开始认识到自己以前那种靠考前突击通过考试的想法是完全错误的。

　　果不其然,第一学期成绩出来后,并不理想。小哲认为这不是自己当初想要的成绩,于是他在第二学期里开始发愤图强,一直不敢放松要求。从第一堂课开始就认认真真地学,课前预习,课上认真听讲,课后努力复习,还积极参加班级、学院的文体活动,锻炼身体。每天早上早早到教室上自习,晚上教学楼或图书馆关门后才回寝室,无论刮风下雨、酷暑寒冬,一如既往地勤奋、不怠慢,尤其在期末考试前复习的那段时间里,他的学习状态仿佛是进行高考复习。功夫不负苦心人,他付出的努力终究没有白费,在第二学期课程结束的时候,他各门课程都取得了很好的成绩,有几门课甚至是全班最高分,成功弥补了大一上学期成绩低的漏洞,提高了学分绩点。

案例分析

　　小哲,一个高考发挥失常而没有进入心仪大学的学生,因为情绪化、轻视、自负,在大一上学期得到了教训,但因及时修正思想,通过改善认识,努力不放弃,在大一下学期实现自我成长和自我超越,弥补了认知不足,获得了自我肯定。他的事迹也成功激发了班级其他同学学习进取的积极性和主动性,班级学习风气日渐浓厚,学习劲头空前高涨。

　　每年都会有大批高中生进入高校,开始新阶段的学习和生活,或理想或不理想。尽管相对于紧张、忙碌的高中生活来说,大学学习可能会轻松一些,但无论基础如何,都要正确面对大学学习,适应大学环境,看清成长之路。相对于高中时老师的严格管理,大学更注重的是学生的自我管理,进入大学后,最重要的是要依靠自我约束和自我定位。十八岁,不仅是生理上的成年,更是心理上的成年。走什么样的路,要由自己决定。幸运只会投向那些努力而又有准备的平凡人。

案例启示

　　高中生考入大学后,一般情况下,大学一年级是学业出现问题的高峰期。首先,这是因为很多高考发挥失常的学生进入大学后有一种自然而然的优越感。其次,学生进入大学,第一时间就会接触到很多高年级的年长同学,他们对待学习的态度会直接影响到新生,而有些同学在学习了一段时间,参加了一些考试之后,认为自己掌握了大学考试的"普遍规则",即平时不需要好好学习,只要期末复习的时候熬熬夜,考试就能以优异的成绩通过。这些错误思想对大一新生产生了严重的误导。最后,有些学生片面地听从高中老师的"忠告"——"高中努力学,高考考进好大学,那时候就可以尽情玩了",从而放松了学习要求。学习是学生的主要任务,并且学习是一项连续性很强的工作,不是考前努力就可以充分应对的。对于每一名学生来说,任何学习、生活都不是一帆风顺的,难免会出现各种问题和困难,但这并不是坏事,我们要从中吸取教训、不断积累、不断揣摩,超越自己,才能摆脱学习困境,达到巅峰状态。

　　总之,世上没有完美的事情,人生越早碰到一个相对来说比较大的挫败越好,因为在那之后,每当你想松懈的时候,想想当时受挫的情景,动力马上就满了! 人生不是 100 米冲刺,而是一场马拉松,要有持续不断的动力才可以,只要坚持下去,终有一日你会逆风翻盘!

天道酬勤，无悔青春

——张大煜学院优秀学生成长案例

林家宝

案例描述

　　林语嫣(化名)，2018 年于南昌市第三中学毕业后，高考考入大连理工大学张大煜学院就读。2018 年 8 月 29 日，在父母的鼓励下，她拖着两个大大的行李箱只身来到大学报道，坚强乐观的性格和自觉勤奋的习惯让她逐渐适应南方与北方的生活差异，逐渐在大学学会生活，找到自己。

　　踏实完善，不停进取。很多人说高考之后上了大学就能轻松了，仿佛在高考这一节点之后，就已经登上了一个顶峰，而她更愿意认为高考是一个真正的起点，之前的一切只是铺垫，进入大学才是追梦的开始。刚进入大学时，丰富多彩的大学生活与之前的相对单一、枯燥的高中生活形成了鲜明对比，同时也面临着各种问题和各种不习惯，而她的解决方式还是脚踏实地。首先，步入大学成为一名大学生，身份发生了转换，但不变的还是"学生"，对学生而言，首要的一件事情就是学习，"书山有路勤为径，学海无涯苦作舟"，认真学好每一门课就是她对自己最基本的要求。然而对她而言，开始时并不容易，因为大学是要在短时间内掌握大量知识，这不同于以前对同一知识进行反复练习巩固，而且学习也从以老师讲授为主转变为以学生自学为主。还记得大一时，有次班导生组织的无机化学期中测试，她的成绩很不理想，这让她感觉到自己对这门课程的学习方法还存在很大问题，经过反思总结、及时调整，她明白了大学该有的学习方式，她的自学能力也得到了锻炼。大一上半学期，她最主要的一件事就是弄明白在大学中该如何学习。大一下学期，在面对电磁学和各种困难挑战时，她有了自己的一套方法应对和解决问题。学期结束时，无愧于她所付出的努力，加权平均分为 89.58 分，专业排名第一。她说她会继续努力学习，不断提高自己，因为学习已经成为她自主想要去做的一件事，并且充满乐趣。

　　学习之余，乐于奉献。大学期间林语嫣担任寝室长，寝室是舍友们共同的小家，寝室卫生她一直很重视，她们的寝室温馨、整洁，大一学年卫生成绩平均分 9.8 分，荣获"文明寝室""千优寝室"称号，做好卫生也在无形之中成了她的良好行为习惯。

　　社团活动，锻炼自己。大一，林语嫣参加了化工与环境生命学部学生会体育部举办的拔河比赛、篮球比赛、长跑比赛，虽然都没有取得名次，但是重在参与。同时她还参加了一些社团活动，比如达令刀画社和汉服社，并且在刀画社首次接触到"刀画"这种绘画艺术，在参与社团活动时还独立画了几幅作品。她还参加校理论学习小组,同时学会了使用"巧影"剪辑短视频。通过这些活动,她发现了自己更多的兴趣爱好。

挑战自己,勇敢参与。大一下学期,林语嫣已经没有了上学期的很多顾虑,开始觉得,不该只是学习,适当参加丰富多彩的课余活动才更加充实,所以她报名参加了学校运动会。起初她只是报了200米短跑,之后在学姐们的建议下,又报了100米跨栏。准备运动会的那一个月,让她印象深刻,每天6点起床,6点半中心体育场早训,晚上8点半晚训。100米的跨栏,她是从零开始练习的,每天她跟着学姐一遍遍认真练习,由于时间关系,在平时练习中仅能连跨3个栏,但在比赛当天,她秉持不服输、不放弃的信念,用自己的意志力和爆发力坚持连跨10个栏,超水平完成了比赛。就连教她的学姐都认为她不能完成,但她做到了,最终她在跨栏比赛中取得了第5名的好成绩。200米短跑,由于第一次穿钉鞋不适应而没有进入复赛。除了参与比赛,她还参加开幕式上的专项展示彩带表演。这次的运动会让林语嫣既锻炼了身体,又学会了新技能,还认识了一群志同道合的朋友,她感觉收获满满。同时,林语嫣还参加了"朝云杯"英语技能比赛,其实她的英语是弱项,参加这个比赛也是对她提升英语水平的一次挑战和锻炼。她和班上的两个同学组队演一个小短剧,她承担前期选定素材的任务,并将其改为剧本的形式。她克服没信心的心理障碍,大声地读出语句并反复练习,最终他们小组顺利进入了复赛。

充实丰盈的小学期。小学期林语嫣参加了大连市大学生数学竞赛,并获得二等奖。她还申请去孟长功老师的课题组做助研,在课题组崔淼老师的指导下,从事"电化学阻抗谱的测定"课题研究,她从"电化学阻抗谱导论"一点点开始了解这个陌生的问题,通过学习查阅英文文献,不仅提高了英语阅读能力,提升了专业英语水平,还打开了一扇通往神秘未来的大门。这个经历让她的小学期异常充实。

走出校门,社会实践。寒假期间她参与"母校行"社会实践,与大学校友一起回到中学母校,向学弟学妹们展示真实的大学生活,介绍宣传大连理工大学。作为校理论学习小组成员,参加求是论坛、清明爱国实践活动。在暑假,参与德国、比利时访学交流,这些活动丰富了假期生活、开阔了视野。

不断前进,成为更好的人。对于获得"国家奖学金""学习优秀一等奖学金""精神文明奖学金"这些荣誉,林语嫣十分开心,这是对她过去一年所有付出的肯定。她选择担任团支书,希望服务同学的同时也锻炼个人能力,相信会努力做得更好。高中政治老师说过:"大学是个宝藏,在这个最好的学习年华,应该抓住机会,学习更多知识。"大一学期末,林语嫣根据兴趣申请辅修信息管理与信息系统专业,大二时学习任务更重了,她会坚持思考,更加努力,继续探索发现,合理安排时间,充分参加活动。

案例分析

林语嫣对于学习踏实认真,并且目标明确,坚持按照目标的设定不断努力,即使遇到困难,也不轻言放弃,相信努力付出终有收获。同时,她能够不断发现问题,分析问题原因,及时反思总结,不断调整,尝试新的方法加以突破,因此取得了优秀的学习成绩。林语嫣在学习之余,积极主动参加各类活动,做到德智体美劳全面发展,参加各项体育比赛,尝试学习和挑战新项目,参加社会实践,开阔视野。她明白,学生工作需要奉献精神。她勇于尝试,参加助研,不忘科研初心。正是因为这些付出,林语嫣可以始终与"优秀"同行。

案例启示

学习,需要脚踏实地的奋斗精神,无论前路如何艰险,始终不畏艰难,不断总结反思、分析调整、勤奋付出、坚持不懈。同时,在大学生活中,要有明确的目标,有对自己未来发展的方向规划,在前进路上不会因为一些困难而迷失方向最终放弃。适当参加课余活动,锻炼能力,丰富大学生活。做一些学生工作,锻炼素质和社会能力,权衡好学生工作与学习的精力分配,做时间的主人。

扬自律之帆，行知识之海

——张大煜学院优秀学生成长案例

温鹏程

案例描述

小程经历了六月的高考，虽有些许失意，但还是考出了不错的成绩，抱着对化学的爱好，与大连理工大学张大煜学院应用化学专业（张大煜化学菁英班）不期而遇。

他以"人生碌碌，竞短论长，却不道荣枯有数，得失难量"为座右铭，告诉自己：凡事要有感激之心，遇到困难时要学会知难而上。带着坚定的决心，他在大学的日常生活中勤于律己。他每早六点准时起床，保持合理作息，早睡早起，在课堂上认真听讲，课后认真复习、完成作业。在这些好习惯的推力下，他大一取得了不错的成绩。同时他也学着帮助同学解决学习问题，与其他优秀学生开展"学霸讲堂"等活动，为同学们答疑解惑。出于对数学物理的兴趣，在课余时间，他大量阅读高等代数、数学基础等一些数学方面的基础书籍，以学到更多知识，提高自身数理基础。在大连市高等数学竞赛中，他获得了市一等奖的好成绩。在遨游科学海洋的学习之余，他也会涉猎文学艺术，提高文化素养及对各种不同层次事物的认识。

在大一刚入学时听到"科创"两字，他懵懵懂懂，不是很理解。带着好奇心，他去参加了 Chem-E-Car 比赛团队，在这个队伍里，感受着大家齐心协力只为做出更稳定的小车的目标，他更加奋进努力，也懂得了"科创"二字的含义。

作为一名贫困生，他更得到了学校的帮助。在日常生活中他节俭勤劳，寝室整洁干净。在周末闲暇之时，他给中学生补课，赚取每月生活费，使自己在经济方面独立，为父母减轻负担。在得到学校帮助的同时，他也不忘回报社会，在大一第一次参加无偿献血活动，希望以自己的一份奉献帮助到更多的人。

案例分析

小程，一名本地的家庭经济困难学生，在学校教育指导和社会关心帮助下，不断努力，全面发展，身心健康，阳光成长。在大一学年，稳住向上的心态，一步一个脚印，踏踏实实学习，积累基础知识，取得良好成绩。同时他合理安排时间，在课余积极参加各类活动，带动同学们共同学习，周末勤工俭学，实现经济独立。他的努力，也是为了回报对自己寄予殷切期望的亲人。他坚持自律，在大学生活中保持规律作息，统筹时间，提高效率，使得能在需要的时间里出色完成相应任务。

案例启示

大学生要学会自律，合理安排自己的时间，度过充实的每一天，不负青春时光，自我塑造全面发展，让自己在回首大学生活时，既不因虚度年华而悔恨，也不因碌碌无为而羞愧。

每年都会有许多家庭经济困难学生走进大学校园，在眼花缭乱的大学生活中，学生应当学会不忘本心，记得自己来大学学习的目标，不愧对供养自己上大学的父母家人，取得成绩来回报养育之恩。

大学生是祖国的未来，要肩负起时代使命，明晰历史重任，不断增强本领意识，积累科学知识，为祖国建设和国家强盛贡献力量。

团队建设篇

"上下同欲者胜。"

"千人同心,则得千人之力;万人异心,则无一人之用。"

"一个人可以走得很快,但一群人才能走得更远。"

无论是班级学风、文化建设,还是团支部、党支部组织发展建设,抑或兴趣社团、官方组织建设,在一个个鲜活的案例中,向心力、凝聚力、战斗力等精神内核对一个团队发展的重要性不言而喻。

在团队建设中,彰显个性但不容任性,弘扬共性但不求等同。当一群人的脉搏同频共振,当一群人的步伐同向同行,形成协同效应,就会迸发出一往无前、无往不胜的力量。

通过精选的团队建设案例,当代学生用系统思维、辩证思维、战略思维的方式来思考和研究团队建设的问题,客观面对团队建设的现状,深刻反思团队建设各方面的偏差和不足,寻求破解难题的办法和摆脱困境的出路。突出工作重点,创新方法手段,以体系化推动、机制化保障促进团队组织力提升,持续强化青年学生团队观念。

"星星之火,可以燎原。"只要精诚团结、共同奋斗,就没有任何阻力能够限制中国人民实现梦想的步伐。以思政育人凝聚起团队建设的磅礴力量,用无数青年奋斗的光芒照亮民族复兴的大路,在一颗颗火种的簇拥下,中国梦定能璀璨绽放。

班建工作稳步推进,双风团建同步发展

——大煜 1701 班班级建设案例

张 政

案例描述

一、班级组建

大煜 1701 班共计 24 名学生,从最开始军训时的负责人制到入学时的第一次班委选举,班级核心初步形成。面对新环境、新问题、新挑战,每名班委与辅导员、班导生一起,面对困难,解决问题,初步形成了"传帮带"经验链。在班风形成的初期,班委协助辅导员对每名同学都进行了深入了解并收获宝贵经验,同时积极组织团建,融合优秀建设经验方法,凝聚积极向上的班级风气。

在经历两次班委换届选举后,班级班委会、团支部成员逐步稳定,对于班级建设也有了相当的经验,形成了班长统筹管理、团支书主抓团建、学委引导学风、其他班委跟进、全体同学配合的运作模式,这一格局也成为大煜 1701 班大学期间的班级建设纲要,由此推进的各项活动,构成了班级建设的主体内容。

完善班风学风,给予同学们更多自主选择权和自我培养空间,对每一名学生的未来发展提供充分帮助支持,引导每一名同学发积极正能量,使大煜 1701 班成为 24 名同学名副其实的温馨之家和温暖港湾。

二、班风建设

班级始终坚持以人为本、劳逸结合、尊重个体、团结进步的原则筹划各项活动。在以人为本方面,以班长为主、生活委员为辅,了解同学需求,并在班委力所能及的范围内,给予每名同学所需资源。在劳逸结合方面,一是组织全班同学开展各项文体活动,积极参加学部、院的建设工作;二是定期组织课余活动,在节日期间组织全班成员开展节日庆祝,如聚餐、晚会等,增进感情、促进交流。在尊重个体方面,班委积极倾听每名同学对班级建设及上级政策上传下达的多方意见与建议,定期开展班委会讨论,尽可能给每名同学以满意答复。在团结进步方面,班级每学期召集至少两次班会,依托团建、学业帮扶等活动,促进全体同学增强集体荣誉感,激发班级成员为班级建设贡献力量。

三、学风建设

学院建设学风的宗旨始终围绕突出专业优势资源和人才培养优势政策,强调"求真务实、理实并进"，形成踏实刻苦、互帮互助的学风特色。自大一学年开始，班委多次邀请班导生和高年级学长为班级同学传授学习经验，讲解知识难点，帮助有需要的同学厘清专业脉络，同学们逐渐熟悉了大学教学模式和课程特点；进入大二学年，专业课难度增大，以学委为主的班委会多次就重点、难点问题举行班级答疑会，帮助学习方面有困难的同学共同前进。两年内，效果理想，班级整体能做到自主学习。在课后辅助交流中，突出以解答问题为核心的交流思路，依托与中国科学院大连物理化学研究所合作的便利条件，同学们可以有更多机会在大一、大二进入实验室自己动手做实验，在实践中提升科研能力。

四、组织建设

团支书作为上级团组织与团支部的中间一环，力求在同学们繁忙的学业之余开展尽可能多的大小团建活动，保证同学们思想跟进新时代，学习与提升思想认知，为社会与国家输送更多有理想、有实力的优秀科研人才。团支部竭力培养同学们力争上游、爱集体、爱社会、爱国家的主流思想，形成"比、学、赶、帮、超"的氛围，将自身所学反馈给国家和社会。团支书、班长、组织委员、宣传委员、心理委员等班委一道，积极开展形式多样的集体活动，增进同学们的集体归属感，提升主人翁责任意识，打造思想先进、积极主动、学有所思、推己及人的卓越精英人才平台。为此，团支书积极完成并响应校团委要求与号召，高标准开展"三会两制一课"、主题团日、团课、两组学习等相关工作，并成立理论学习小组，定期开展团小组会议，每月一次团支部委员会，每季度一次团员大会，每年一次团员教育评议大会。以上各项活动相互穿插，逐步推进，确保班委们及时获知与熟悉班级情况，更好地做出调整。除此之外，团支书与宣传委员积极建设班级微信公众号并负责运营、发布班级风采，以及提供国家社会时政新闻，为同学们获取外界信息提供有效途径。

班级建设工作是需要老师、班委、同学们的一致共识和共同努力才能完成的。两年多方面工作的开展，使得该班级的每一名同学，对班级名称有了更加深刻的理解和认同。期待毕业之后，当任何一名成员回想起大学班集体时，都会由衷地怀念，露出骄傲的微笑。

案例分析

一、班风建设难点

1.重要信息上传下达的阻塞问题

几乎每天（尤其是大一学年），都会有来自学校、学院及其他方面的各种消息传达到各个班委，而在把这些消息传达到普通同学的过程中，会由于各种各样的原因导致部分同学不能及时收悉，由此最终导致工作进程中的一些麻烦。

该班利用线上和线下相结合的方法，多渠道对班内同学进行消息传达，并根据事情的重要程度与完成时间的优先度,采取不同的通知方式,尽可能减少班内同学消息闭塞的情况出现。

2.关于决策的意见与选择

班级举行活动或布置其他安排的时候,所有同学的意见很难真正达成统一,往往会因自身各种原因存在不同的声音。该班秉承学生提意见、班委做决策的原则,收集每名同学的意见并汇总,召集班委会成员开展民主讨论最终达成共识,求同存异,尽可能满足大多数同学的建议和意见。

3.生活及安全方面的关注

在学业方面,学风的建设由学委主持,而在其他方面,如日常生活及安全提示等,则需由班长、生活委员、心理委员等多位班委共同努力。寝室卫生、人际关系以及食品、出行安全等,都需要班委付出很大的精力对每名同学关心关注。而这些细节,也是班级"家"文化更加融洽温馨的关键所在。

二、学风建设难点

1.确保必修科目不出现不及格

由于本专业学生大学期间必修课只要不出现不及格,即可获得免试推荐研究生资格,因此班级学风建设的中心应放在不放弃任何一名同学的学习成绩上,学习委员主导学习类活动,班级内同学互帮互助,让每一名同学都能够顺利通过每一门必修课,不浪费保研机会。大学阶段每一学期都会有多门课程,几乎所有同学都会遇到各种学习上的困难,这就需要班委会和同学们同舟共济,保持脚踏实地的学习状态和昂扬向上的学习态度。

2.克服自主学习意识不足问题

在经历高中阶段艰苦的学习过程后,部分学生进入大学,对学习的热情有所降低,加之没有家长由始至终的监管,随即活成了"躺平"模式。部分学生没有认识到进入大学只是学习的一个新的阶段,或者说是人生转折的一个新节点,而重点突出了"自我放逐"与"自由生活"。

3.提升专业自信

随着经济与社会的发展,就业对大学生的能力素质要求更广泛,用人单位除学历之外更加突出看中人才的综合素质,因此学生不再把获得考试拿高分作为大学生活的主要目的。部分学生认为新形势下锻炼能力更为重要,或者将学习的主要时间花在计算机、英语等实用性强的工具课程上,而没有足够重视专业理论的积累和拓展,导致专业基础不扎实、专业知识体系难以完全建立。这需要多维度开拓同学们的视野,让同学们了解在今后的科研或工作中,专业知识的具体用途和行业硬实力及岗位需求的关键,从而增强专业认同,建立专业自信。

三、团支部建设问题

明确团支部书记工作职能:组织和管理好本班团员,指导团支部工作;协助班委会管理和服务好班集体;对班内团费及各类款项的收缴与支出记录确切;向班委会推荐入党积极分子建议名单;在班内积极宣传组织发展工作,促进同学们在思想上和行动上向党组织靠拢。

1.同学们参加集体活动的积极性不够且时间不充分

本专业课业负担较重,大学生思想和行动各行其是,很难找到统一的空闲时间。为此,班委们共同商讨,积极寻求共享时间,组织开展丰富、有益的课外文化活动,有时会组织一些游戏,增强活动趣味性,让大部分人参与其中,提升班级凝聚力,以求营造一个积极向上、和睦、有朝气的建设氛围。在大学,几乎每学期末都会组织班级聚餐,在轻松愉快的环境下,同学们更放得开,借大家状态好的契机诚邀同学们发言,开展学期总结与短期规划。

2.针对对党的认识不足、对传承红色基因还"欠点火候"问题的把握不到位

做好"三会两制一课"(支部团员大会、支部委员会、团小组会;团员教育评议制度、团员年度团籍注册制度;团课)工作,定期组织与党员互动,深入学习总书记系列重要讲话。严肃推进对上级工作要求的落实,结合团支部实际情况,因地制宜选择适当的方式将讲话推进的工作内容解读给全体团员。让先进思想潜移默化渗透成为班级建设习惯,用思想之力浇灌每名同学的干涸内心,做好同学们的思想政治引导,力争都不掉队。

3.建设主题团日有待加强

全力做好每次主题团日活动,提前写好策划、做好准备,尤其要保证活动的连续性,活动之后及时总结反思,汲取经验教训,以高标准高质量呈现精彩纷呈的工作效果。

案例启示

班委会团支部建设、班风建设、学风建设大体上组成了班级建设的主要内容,班级建设基本围绕以上几个方面具体展开。正视班级建设中遇到的各种问题,齐心协力予以解决,能够营造良好班级氛围,增强凝聚力,更能使班级越发卓越优秀。

一、紧随学校发展步伐,继承专业发展创新

大连理工大学自 1949 年建校至 2023 年已走过 74 载,作为国内双一流建设一流高校,始终拥有优良学风、优秀校风。一个普通班级的建设,每一名同学也都有责任感知和探索来自学校对本专业的期望与支持,有为成为未来化学科学家而不断实现自我提升的磅礴之力。

二、学院建设方兴未艾，积极参与共同进步

张大煜学院独立运行不久，学院的每个班级、每名学生作为其中一分子，应时刻关心和关注学院发展的最新动态，并随时积极参与、实现"开疆拓土"，为学院的发展和更美好的明天而做出自己力所能及的贡献。

三、个人切合未来发展，班级关注资源供给

大学生活是决定个人未来发展的关键，每个人在大学期间都会做出对未来的慎重思考，大到功成名就的计划，小到每日成长的进步。好的班级建设都希望每个人能够设定切实可行的目标并为实现理想和抱负而奋力拼搏。好的班级班风，更是用现实效果验证着这一设定，因为，就是有一群人，在尽力提供着在这个环境中能够获取的软硬件资源和保障性条件，努力地让人心碰撞，让力量磅礴，让这个能够充分享受集体温暖的大学时光，永不忘却点滴成长的青春记忆。

以文育人,打造班级文化名片

——大煜 1702 班班级建设案例

杨 兰

案例描述

一、工作回顾

每一任班长刚上任时,大都不太习惯大学的管理模式。与高中只负责纪律不同,大学班长需要统筹全局、协调班委,还需要独立思考,设计并举办各类活动,团结班级同学,提升集体凝聚力。一开始办活动总会遇到有同学不配合、参与人员较少等问题,通过一段时间的摸索,才有了一定经验,比如要避开考试复习周和实验集中周,办一些大家感兴趣的活动,开展一些比较实用的知识讲座,等等。如今,在辅导员、班主任的指导下,大煜 1702 班成功举办了各类特色活动,也逐渐形成了适合自己的班级建设模式,即"以文化建设带动学风建设"。以寝室为单位形成团小组,定期学习理论知识,观看教育视频,共同参与团建,并在班会上和大家分享本小组讨论心得,各小组拧成一股绳,班级氛围积极浓厚。4年来,全班 28 名成员由始至终互帮互助、砥砺前行。

二、学风建设

张大煜学院以培养高素质科学技术人才为目标,重视本科生科研参与。因此大煜 1702 班以实践与创新能力培养为导向,以优化知识结构为重点,以创新项目为核心,知识、能力、综合素质协调发展,在课程上不仅注重化学能力的培养,也加强基础数学、物理等的学习,要求学生成为有深厚的理论基础、较强的实验技能、未来能在化学或相关科学和技术领域从事教学研究和科研开发的高级化学类精英人才。为达到以上目标,大煜 1702 班仔细研读、认真策划,在大一刚开学时组织集体自习,便于同学们适应大学学习强度,营造良好学习氛围;发挥榜样作用,在考试前开设"学霸讲堂",班委会筛选课后习题,挑选重要的推给同学们并编写练习题答案,同步线上展开讨论,大家参与度极高,互相查缺补漏,消除知识盲点;成立帮扶小组,寝室内组织深夜小课堂,为学业有困难的同学提供一对一帮扶;每个月都召开班会强调学习重点,尽量邀请班主任、思政班主任一同参与,激发大家学习热情;寻求学长帮助,请学长帮忙分析学情,听取学习经验。

在科研方面,充分利用导师制,多名同学利用课余时间跟从自己的导师学习额外知识;数十人报名大学生创新创业训练计划、化物所科创计划,从教室到实验室,充分理解科研与教学的不同,丰富科研经历;大二小学期更是全员深入实验室,选择课题进行研究,并实现答辩;学院也组织同学们参观精细化工国家重点实验室,聆听多个课题组的精彩报告,感受科学前沿的学术氛围;为培养学生对科研的热情,组织学生听取院士报告,了解科学前沿知识;鼓励同学们参与创新,本班级同学参与的大学生创新创业项目全部实现顺利结题。

在全体师生的不懈努力下,班级两个学年都取得了优异的成绩。大一学年,四级通过率为 97%,六级通过率为 68%(占报名考试人数的百分比);班级平均分为 80 分,补考后零挂科,1 人获学习优秀(一等)奖学金,5 人获学习优秀(二等)奖学金,8 人获其他单项奖学金,2 人获"校三好学生"称号,2 人获全国大学生数学竞赛一等奖。大二学年成绩更加喜人,班级平均分为 81 分,1 人获得国家奖学金,2 人获得学习优秀(一等)奖学金,3 人获得学习优秀(二等)奖学金,8 人获得其他单项奖学金,2 人获"校优秀三好学生"称号;班级同学积极参加各项学科竞赛,1 人获得大连理工大学物理竞赛三等奖,1 人获全国数学竞赛省级 1 等奖和国家级三等奖,1 人获大学生英语竞赛三等奖,多名同学在校"攀登杯"比赛上获奖。

三、文化建设

以特色工作加强班级文化建设。生活委员和心理委员记录了班级所有同学的生日,无论哪名同学过生日,班级都会准备蛋糕,办小型生日会;组织大家到大连各大博物馆及旅顺大屠杀纪念馆等处进行社会实践活动;班长定期与同学私聊,了解近况,统计毕业意愿,汇总为表格发给辅导员、班主任,召开班会讲解保研分流政策及考研事宜等,确保每名同学目标明确,避免盲目选择;五一、十一、元旦等节日,班委会组织同学聚餐,联络感情,春节前夕制作贺岁视频,留作纪念;宣传委员建设班级公众号,定期更新班级最新动态,在寒暑假开展"我的家乡"专题推送。

班级十分重视文体活动,多人在大连市定向越野比赛中获奖,部分同学踊跃参加校运动会,在建校七十周年之际组织为校庆助跑。班级于大二学年荣获"校优良学风班""校先进班集体"荣誉称号,同时多名同学获评"校优秀团员",一名同学获评"校优秀团干部"。

与此同时,我们也着力加强班级成员的思想教育,定期开展思政培训,提前选定主题,大家充分表达;观看教育视频,提升精神文明素养。在努力把核心价值观的要求融入行为准则的过程中,形成自觉奉献的理想信念。

四、总结收尾

我们希望能将班级建设成家一样，每名同学都能获得归属感，班委会就像大家长，为同学们护航。这样同学们会更愿意为班级做贡献，会为集体的荣誉而严格要求自己，统一前进的方向。这也是突出"以文化建设带动学风建设"这一班级目标的重要意义所在。同学们会主动向着方向努力，这比严格的管理更容易激发同学们的主观能动性，班级整体也能从中获益。

案例分析

一、现有管理模式的优势

由班长定好大方向，班委会辅助管理，同学们个性化发展是一种较为新颖的模式。原有的管理倾向于"就事论事，大包大揽"，任务都由班委完成，收到有关活动的通知就照搬下来，强制同学全部参与，同学们自然认为活动是不得不办、和自己无关，参与态度也十分消极。现有模式为：所有活动要为班级文化服务并且有利于文化建设，同学们感兴趣的活动要精办，要让同学们感受到自己是集体的一部分，体会到集体荣誉感，这样活动就和每个人都建立了联系，大家意识到自己的努力会让集体更优秀，优秀的集体能为他们带来更多益处，便形成了良性循环，使得班级建设越来越容易开展，较自上而下的强硬通知和被动参与，效果要好得多，同学们更会主动参加各类活动，为班级争光。

二、基础团建的优势

大煜1702团支部建设坚持将理论和实践相结合，每学期进行多次理论学习，增强了支部成员对于团员责任和义务的认识，并积极努力争取成为党的后备力量。对马克思主义相关知识的了解，加深了支部成员对唯物史观和共产主义的理解。新时代新思想和时事政治的普及，使支部成员承担起新时代青年的历史责任和使命。学习的同时，增加讨论和实践环节，使团建形式更加多样化，在讨论和实践过程中，同学们相互学习，共同提升。同时，在团支部创新立项中，主题"和总书记学国学"将传统文化与时代特征相结合，被评为校级项目且顺利结项。我们注重宣传，建立班级公众号，开展了家乡介绍、假期分享等多个系列活动。支部参加"活力团支部"遴选，凭借该平台展现支部文化，体现支部活力，并成功获评相关奖项。

三、班级管理的其他问题

1. 班委兼任问题

目前班委兼任现象明显，一人身兼多职，会导致工作质量的下降。考虑到实际情况，精简、合并一些职位，"小活分开干、大活一起干"，可以便于班级建设的管理。

2. 班级微信公众号更新频率问题

由于宣传委员要同时负责学院很多推送文章的发布，不能及时更新班内微信公众号，因此采取班内征文的模式，每2个月固定一个主题，邀请班级同学投稿，择优发表，设立奖励机制保障投稿数量和质量。

3. "学霸讲堂"频次问题

之前的"学霸讲堂"在考前才会举办，但有些科目知识点过于细密繁杂，考前来不及做系统梳理，因此在每个月收集大家各科存在问题之后，采取学得好的同学集中答疑的方式，把工夫花在平时，不在考前突击。

案例启示

根据学校规定，班委协助辅导员处理班内各项事务，带领班级开展团建活动，据此，思考执行，不断修正和稳固建立的常态化工作模式，将更有益于此项工作的高质量发展。

一、学习理论知识，提高文明素养

"育人为本，德育为先。"青年的价值取向决定了未来社会的价值取向，用社会主义核心价值观铸魂育人，完善思想政治工作体系，推进学生思想政治教育一体化建设是思政工作的重点。班级的建设也应围绕这一核心内容展开，要引导同学们关心时政、设定目标、不断突破、积极成长，学习各类会议精神，升华精神获得。引导同学们不仅要牢记社会主义核心价值观的内容，更要将其落实到生活中的方方面面，无论是尊师敬长、文明礼让，还是严守纪律、规范科研。

班委在带领班级建设的过程中，应以身作则，在校风校纪、学习态度、工作职责等方面，要将正确的思想传递给同学们。要定期参加学院组织的团校培训和爱国主题教育，提升思想格局，强化政治引领，建设充满活力的、富有现代大学精神的优秀班集体。要和学院、学校一道，自我建设成为有理想、有担当、有品行、有作为的新时代有志青年。

二、不忘初心，牢记使命

班委从同学中来，也要到同学中去。班委应积极和同学们沟通，随时了解班内思想动态,发现问题及时采取恰当措施调整完善。不能和同学脱节,单纯机械地完成各项任务。同时,班委也是"服务员",要有无私奉献的精神和无限的爱心,勇于舍弃"小我"。要体恤同学,切实解决同学们的问题,满足同学们的合理需求,不能因个人原因消极怠工,在各种机会和竞赛面前平等对待。

正人先正己,班委成员需严格选拔,提高任职标准,给予专业培训,并且每学年进行岗位履职评比与到期换届。每个成员都要担负起自己的责任,有考核才有绩效。全体班级干部更应不忘初心,带领班级在正确的道路上稳步前行。

三、明确价值定位,彰显文化特色

我们以校训"海纳百川、自强不息、厚德笃学、知行合一"作为班级的价值定位,加强化学知识储备与科研水平的提升。致力于打造立足于专业领域和学生自身发展需求相契合的班级精品活动。将学术研究与实践调研相结合,深入旅顺日俄监狱追忆历史、缅怀先烈;与导师紧密联系,进入课题组,提前感受科研氛围,丰富研究经历。

文化特色是班级建设的名片,体现了班级的发展目标,有助于进一步培养、锻造同学们的社会责任感与使命担当。青年兴则国家兴,青年强则国家强。青年一代有理想、有本领、有担当,国家就有前途,民族就有希望。大煜1702班会一直跟随国家的步伐,书写属于大煜人的新篇章。

凝聚新集体,团结共进步

——大煜 1801 班学风建设案例

徐成斌

案例描述

2018 年,来自 5 个民族、14 个省份的 30 名同学相逢九月,齐聚一堂,组成了一个充满活力的新家庭。经过聚餐、游戏等一系列形式多样的初识活动,大煜 1801 班迅速凝聚成一个积极向上的活力集体,立志团结一心、共同进步。大一学年转专业后,班级人数稳定为 31 人。三年的大学生活让大家完成了从幼稚到成熟的蜕变,也让大煜 1801 班成为一个有凝聚力的班集体。班级拥有完整的班委会、团支部组织架构,成员均为经验丰富、责任心强且长期从事班委工作的优秀学生。

在班级建设方面。为形成学风优良,学品端正的班集体,班级积极营造老师和班导生指导、班委组织、同学参与的各类学习活动氛围。四级考试前召开考前动员大会;针对无机化学的结构化学部分,请班级中获得过国家级学科竞赛奖项的同学为大家答疑解惑。班级结伴帮扶、互帮互助的学习小组以学习专业基础知识、传承大煜科研基因为理念,努力掀起学风建设新高潮;请获得大连化学物理研究所专项奖学金的学长交流学习心得;开展学习笔记和学习经验分享交流;定期组织师生谈心活动;帮助一切有需要的同学们更快更好地找到适合自己的学习节奏。

在学风建设活动中。我们注意到,同学们的学习常常是以寝室为单位,比如有一个寝室所有人六级都能取得高分。我们充分发挥这一特点,开展学霸讲堂:一人带寝室,寝室带全班,相互督促,相互进步。同时开展大煜化学讲堂,邀请优秀学长传授学习经验、提炼专业知识点。

班级建设的具体内容如下:

①组织开展由老师指导、班委组织、同学参与的诚信学风宣传活动。

②提高英语水平,在保证四级通过率的前提下,努力提高六级通过率。

③开展定期的学霸讲堂、名师交流会。将学习方法分享、经验交流常态化、周期化。

④鼓励同学依托专业特色,积极参与科研项目;通过各种方式提前预习四大学习内容。

2019 至 2020 学年,本班级平均分为 79.74 分。高分段人数有所增加,7 人均分 85 分以上,班级前两名同学均分为 92.04 和 91.38 分,亦为年级前两名。硬课、难课成绩可喜,部分同学能考出不亚于物理学院优秀同学的成绩。有机化学 A2 全班通过,无人挂科。低分段人数减少,近一半同学排名较去年进步,去年排后 10％ 的同学,成绩均有提升,其中去年年级倒数第一完成逆袭,年级进步 17 名。整学年里,一考挂科 8 人 15 门次,二考挂科 5 人 6 门次。四级通过率 97％,六级通过率 33％,较去年增长一倍。

在科研创新成就方面。班级整体积极努力,参加校内外各类数学、物理、化学竞赛。不忘初心,投身科研,为实现报国使命,积极传承大工"红色基因",砥砺前行。同时我们反思归纳、积极创新,将实验室所学知识运用到课程学习中,坚定创新传承,积极进取,认真实践基础科学。在全国大学生数学竞赛、美国大学生数学建模大赛、TRIZ 创新方法大赛和大连市大学生数学竞赛中,班级同学均取得较好成绩。同时,参与学校分析化学实验慕课视频录制,为学弟学妹做好榜样,改进课程中部分高等物化实验并参与辽宁省大学生化学实验创新设计竞赛。

案例分析

现从学习和生活两方面分析大煜 1801 班的班级建设情况。

一、学习求索

支部建设离不开优良的学风。在学风建设方面,支部实行集体自习,提高支部成员的学习自觉性;同时,请学长定期监督,在学习、生活上为我们提供帮助。在考试之前,我们还会举办考前答疑动员,为同学们考试加油打气。支部同学也经常与任课教师、班主任交谈,在一次次的谈心谈话中审视自我、确定发展方向。支部成员积极参与科技创新活动,参加美国大学生数学建模竞赛,站在国际舞台上,开阔视野;近半数同学参加大学生创新创业项目,锻炼自己的实践能力;郭卓文同学发表 SCI 一区论文,张云泽、贺哲同学获得全国大学生数学竞赛一等奖,徐成斌同学在"微瑞杯"全国大学生化学实验创新设计竞赛中获得东北赛区一等奖……

是专业的培养模式造就了我们能攀登、肯吃苦的专注力,是顽强拼搏的奋斗涵养支持着我们探索学科的真知,探看化学的尽头……学习求索,本科只是科研队伍中很浅显的一段,未来高精端科学宝库的研发和开垦,将由一代又一代默默无闻的专注者去书写。所谓求索,就是不断地尝试,不断地从头再来,不断地去粗取精,不断打破原有结构的重新组合……我们坚信,山重水复疑无路,柳暗花明又一村。每个人一点点的推动,就是对知识的莫大助力。该班级在学风建设问题上多次碰壁,大一、大二两学年的学风建设目标不够清晰,在大三探索和尝试新的沟通后,逐渐清晰发展思路,严肃发展路径,认真审视自身与邻班的成绩差距,摸索出了一条适合"自己"的学风提升捷径,实现大三的赶超。由此可总结出,一个班级的建设,关键在于目标、动作、影响力。

二、课余生活

学习之余,我们也开展了丰富多彩的课外活动。文体活动方面,我们参加了诗歌朗诵、微电影大赛、体育比赛等多种多样的活动。丰富生活的同时,也带给我们全新的大学体验:班级聚餐、团辅活动,一系列的班级活动让我们凝聚在一起,为了目标而共同奋斗。南京大屠杀死难者公祭日前,支部响应全国教育大会和党中央的号召,进行爱国主义教育第二课堂,支部集体前往大连现代博物馆接受爱国主义教育,同时在线上进行主题为"大学生应该如何爱国"的问卷调查,同学们认真思考,勤于实践,每个人都受益匪浅。除此之外,支部成员参加了"模拟联合国"活动,锻炼自身综合能力,开阔国际视野,争做全面发展的优秀精英大学生。

如果说学习是主旋律,那么生活就是音符,是调味剂。美好的大学绝不只是学习,也绝不只有学习,尽管我们是本博连读的培养机制,但是大学四年该有的生活,我们一样不能缺席。"学习好的样样都好、有专注力的凡事不凡。"正是我们卓尔不凡的勤勉自强,我们的生活同样耀眼光亮,我们取得的成绩和参加的活动,无一不体现出科学家培养的成功,全面发展的成绩,在我们身上表率示范。一个班集体的建设,凝聚力尤为重要。组织的协调、人心的归属、精神的引领,都是班级建设的集中体现。生活就是贯穿大学始终的快乐土壤,有生活的建设才有灵魂的鲜活。

案例启示

作为大煜学子,我们更应该对未来有清晰的规划,我们要发扬大工精神,传承"红色基因",努力构建和谐班风和优良学风。大力培养入党积极分子,在一次次的实践推进中,逐渐形成成熟且具有大煜特色的班级学风建设机制。我们要将重心放到实践中去,理论学习需要实践检验,思想认识需要实践丈量。以第二课堂形式开展团课班课,调动全体同学思想和信仰之光,照亮前进的目标和方向。引导同学关注科技创新实验项目、参加各项文化体育活动,强健身心、为科学奉献青春。大四学年,是收获的一年,要确保每个人都有明确的奋斗目标和未来人生规划,并为之不懈奋斗。

这才是一个班级该有的样子:未来如明煜,纵时光荏苒,大煜1801班,一切可期。

班级与支部建设中的"家文化"

——大煜 1802 班班级与支部建设经验

杨宇鹏

案例描述

大煜 1802 班共有成员 30 人,其中预备党员 8 人、共青团员 22 人,全体成员积极参与党支部、团支部建设,党团共建成效显著。同时立足专业特点,全员参与科研工作,全部确认未来发展方向。班级同学各有所长,4 年来,已逐步建成团结奋进、朝气蓬勃、温暖和谐的班集体。

经过长期深入探索,班级形成了以党团建设为核心,以学风建设为重点,突出人文关怀和"家文化"的建设理念。党是一切工作的领导核心,班级建设工作必须在学院党委的领导下进行。重点关注党团建设,关注学生思想动态,助力培养爱国敬业的优秀社会主义建设者和接班人。在大工,学风建设从来都是班级建设的重中之重,"化学家"的培养目标更是要求我们要有扎实的专业知识。班级管理工作应该在合理范围内灵活化、人性化,才能让同学们找到"家"的归属感,应充分尊重每个人的习惯特点,使管理工作细化到每一名同学,使"家文化"成为班级建设一大特色。

一、班级建设的几个维度

1.思想建设

通过各种主题团日活动和理论学习,提升团支部成员的思想修养,除每周"青年大学习"外,鼓励同学参加学校、学院的系列讲座,做到思想上与时俱进、行动上高度自觉,并及时反馈同学们的思想动态情况,配合辅导员加以正确引导。

2.组织建设

团支部积极组织"三会一课",内容涵盖二十大精神、总书记系列讲话、党史知识等,推动民主评议和团推优工作顺利进行。本着公平、公正的原则,向党组织推荐思想先进、为人正直、群众基础良好的优秀同学。

3.学风建设

班委积极思考,广泛动员,开展一系列学风建设活动。大一学年实行考试前集体自习,对于重点学科开设学霸讲堂,同时开展寝室互助和线上交流。

大二学年我们总结了前一年的经验,在进行多方"取经"之后,调整和补充短板,实施分小组学习、"一帮一计划"等系列方案,组织班级同学整理重点学科知识点,鼓励同学们多参与科研项目实践。

4.文化建设

基于班级特点,组织丰富多彩的文娱活动,如特产交流会、摘草莓、班级小游戏、社会实践等,全方位、多角度构建班级特色文化;鼓励同学们根据自身特点,多多参与学校、学院组织的各类文化活动;在细节之处用心,班委会成员深入了解每一位同学,关注每一位同学的思想动态,给予力所能及的支持、关怀和鼓励。

二、班级整体取得的成绩

思想建设方面,通过观察每名同学思想方面的不足,有针对性地开展理论学习,使每名团员思想有提升、认知有改变。树立正确的人生观、价值观,积极向党组织、团组织靠拢。

组织建设方面,随着"三会一课"、民主评议等工作的有序推进,支部建设已形成公平公正、执纪严明的良好氛围;支部预备党员 8 人,另有多名积极分子和发展对象,支部内部真正实现了党员带动团员、共同学习进步、目标清晰精准的积极共建模式。

学风建设方面,在全班同学的不懈努力下,班级整体成绩优异,四六级通过率较高,并逐年稳步提升;大一学年累计 20 人次获各类奖学金,大二学年累计 18 人次获各类奖学金;大二学年较大一学年挂科率明显下降,参与科研项目人数明显增加。

文化建设方面,形成具有本班级特色的集体文化,同学之间在各方面相互帮助、共同进步、和谐共荣;校院各项文化活动参与度高,如"峰岚杯"、话剧《张大煜》等。

案例分析

班级建设和团支部建设中,思想政治工作是核心。团支部的思想建设和组织建设是支部建设中最重要的环节,也是党组织工作的重要组成部分,正确的思想引导有助于树立正确的人生观和价值观。本支部基于自身特点,紧密围绕党团共建开展工作,党员带动团员,鲜明的示范远比简单的说教更具感染力;此外,本支部还在积极思考如何将原本枯燥的理论知识学习生动化,积极发掘理论学习新模式,提升支部团员理论学习兴趣。

在学风建设方面下足功夫。大一学年稳扎稳打,积极探索。大二学年开始,我们通过分析前一年存在的问题,并通过向老师、学长学姐请教,制定出了一系列修改措施。如发现班级同学各有所长也各有不足,提出了尽量避免"一刀切"的建设模式,不再采用集体自习,而是采用分组形式,将有共同特点的同学合并,各小组自行安排学习活动,班委为各组提供良好保障;学霸讲堂也分为班级"大讲堂"和组内"小讲堂",有针对性地解决各种学习上的问题,大大提升学习效率。让学风建设朝着个性化方向发展,先紧后松,先严后宽,成为班级建设特色。

在班级文化建设方面,始终致力于努力构建班级特色"家文化"。将人文关怀细化到每个人,使每名同学都有参与感和归属感,增强班级凝聚力,努力营造轻松和谐的班级氛围。

案例启示

在推动班级建设过程中,我们同样发现了一些问题:

思想建设和组织建设方面,部分活动的班级参与度不高,经反思,可能是我们宣传力度和后续管理服务不完善,没有在班里引起足够重视。

学风建设方面,有对科研引导不到位的情况。基于本专业的特殊性,学习成绩和科研经历同等重要,应抓住学院建设平台和活动契机,实现在科研方面早介入、早思考、早引导、早清晰。

班级文化建设方面,因学业任务逐年加重,班内举办的活动呈减少趋势,对此可尝试换个思路,与老师开展交流研讨,多邀请教师加入,组织成员交叉的小范围活动项目,进一步提高同学们的人际适应力。

立足专业特色，创推班级品牌

——大连理工大学先进班集体建设案例

马润泽

　　五湖四海连理相聚，一心一意笃学共进。公管 1602 班 26 名同学，其中 6 名正式党员、2 名少数民族同胞，携手向前，共同成长，班级连续三年被评为校"先进班集体"和"优良学风班"，在大连理工大学两组学习活动中被评定为优秀，并在毕业季获得"校优秀毕业班"荣誉称号。

案例描述

　　作为优良学风班，公管 1602 班的奖学金加权平均分一直位列专业第一，以大三学年为例，年级专业前五占 3 人，专业前 11 占 7 人。英语四级累计通过率 96%，六级累计通过率 66%。班级一直重视学风建设，由班长和学习委员牵头开展各类学风建设活动：有课前签到打卡，以寝室为单位由寝室长向学委课前清点人数；有四六级倒计时，由学委定期分享高频词汇和珍贵资源，并鼓励大家在四六级临近时参加模拟；有资源作业通知，由学委定期提醒作业事项，拷贝 PPT 资源和题库，并打印分发课件；有互助小组，以两人为一组，形成互助对子，相互帮助和督促学习任务的完成；此外还建立了班级书屋，并完善了班级图书借阅的制度，保障班级同学可以方便地借阅到经典的专业名著。班级同学有无与伦比的学习热情，课堂出勤率极高，教室前三排总是能看到公管 1602 班同学的身影。

　　大学生活并不只有学习，作为先进班集体，公管 1602 班在论文、竞赛、文体活动等各方面都取得了优异的成绩。班级累计发表核心期刊论文 2 篇，非核心期刊及国际会议论文 2 篇，国内学术会议论文 1 篇，专利 1 项，国家级、省级、市级课题各 1 项，并在国家级、省级、校级大创项目中赢得殊荣。在竞赛方面，班级同学获 2017—2018 亚太地区国际大学生数学建模竞赛二等奖、2017—2018 年美国大学生数学建模竞赛三等奖、第八届 Mathor Cup 高校数学建模挑战赛成功参与奖、北京绿创公益基金会 2018 安全驾驶创新大赛三等奖，以及 2018"创青春"辽宁省大学生创业大赛三等奖、第三届"求是杯"全国公共管理案例大赛三等奖、辽宁省挑战杯一等奖等多项荣誉。此外，班级同学也积极参加各类校级竞赛，在校"攀登杯"中多次取得优异成绩，并在大工赋征文比赛、马院征文大赛、"纵横杯"演讲比赛等活动中也有出色表现。在文体活动方面，班级同学获 27 届"应氏杯"中国大学生围棋锦标赛普通组男子团体冠军，以及大连市第三届高校组围棋冠军，班级在校运动会键球比赛中获第一名、点球大战第三名，并在校水上运动会中获团体第四，在"峰岚杯""悦动杯"中也大放异彩。除此之外,公管1602班学生还注重从各方面提升自己,多人参加并通过了全国计算机等级考试二级,考取了三级人力资源管理师、心理咨询师,并通过了证券及基金从业资格考试,还有一位同学通过了翻译资格考试三级口译和二级笔译。

公管1602班所有寝室四年来均为文明寝室,且每学年都有不少寝室被评为"千优寝室",占级队总数的绝大部分。每学年都有同学被评为"校优秀三好学生"及"校三好学生",获国家奖学金,并有多人次获学习优秀一等奖学金、学习优秀二等奖学金、精神文明奖学金、社会工作奖学金、文体活动奖学金以及科技创新奖学金。此外,还有多人在学校与学部(学院)学生组织中担任重要学生工作。班级每月召开不同主题的班会,包括学风建设、职业规划、考研动员,邀请专业老师和班主任,进行学业、就业和未来规划方面的交流与指导。公管1602班不仅是一个共同进步的集体,更是一个温暖和谐的大家庭,班级聚餐、暖心生日祝福、节日祝福等活动成为常态,极大增强了班级凝聚力和学生的归属感。

临近毕业,同学们正以最饱满的热情去面对每一个挑战。1人被评为省优秀毕业生,1人被评为市优秀毕业生,并有8人被评为校优秀毕业生,占班级总人数的32%。公管1602班目前已有6人成功保研至人大、浙大等重点高校,4人考研成功,7人成功就业。公管1602班在时代竞放的青春大背景中不断调整脚步,始终以追求卓越为目标砥砺前行。心之所向,素履以往,生如逆旅,一苇以航。

案例分析

一、好的组织队伍是班级建设发展的核心

公管1602班的班级管理立足专业特色,致力于将班级活动与专业背景、专业技能培育相结合,在激发班级同学参与班级活动与班级管理的同时,为同学们提供更多充实专业知识、开展实践演练的机会。建立班级书屋,由班主任出资购买20余册专业读物供同学们自由借阅,既帮助班级同学利用业余时间进行有益的专业知识延伸,也在班级内部营造了良好的学习氛围。此外,还建立专业比赛、实习沟通交流群,供同学们组队、探讨,互相帮助,共同提升专业素养。班级的每一次班会都基于同学们的切身需要,无论是每学期的期末考试,还是保研、考研、就业等重要时间节点,班级都会组织召开主题班会,邀请学长和老师为大家答疑解惑,同时提供相互交流学习的机会,方便同学把握机会,借鉴经验,实现更好发展。

二、提升凝聚力和向心力班级建设的中枢

班级精品活动主要有班级体育、文艺、出游聚餐、素质拓展等,以及专业学习和研究性学习活动等。大学生活丰富多彩,班委会要根据班级成员的需求,积极丰富活动形式。班干部在活动开展之前精心策划明确活动目的和意义;在决策中积极开展讨论,广泛征求班级成员的意见,鼓励班级成员共同参与,各抒己见,畅所欲言,保证活动方案的科学性和可行性。

三、捕捉细节，促进个体努力符合团队发展是"家文化"班级建设的关键

温情文化增强班级凝聚力和集体归属感。班级文化是班级建设管理的定义，班级应该格外注重班级文化的建设并充分发挥班级文化的辐射、感染、带动作用。公管1602班将班级文化建设融入学风建设、班级建设的细节之中，构建"崇学、团结、互助、创新"的班级特色文化。班级女生居多，每逢女生节，男生集体给女生送上贺卡和小礼物；跨年时，班长会为每位班级成员写一张明信片；毕业季，班级为每一位同学制作同学录……在点点滴滴中强化学生对班级的认同感和归属感。

案例启示

一、激发学生干部内动力，充分发挥班委会带头作用

班委会作为组织中枢，在班级建设中起主导作用，班委会自身建设水平直接影响着班级自我管理水平。首先，班委会应坚持"服务同学、服务班级"的理念，对同学热情服务，对班级事务积极负责；其次，班委会内部要权责明确、分工合作，在班长统一领导下，各班干部都有自己的职责，分工负责的同时注重团结合作、协调统一；最后，要塑造优良的工作作风，形成班委会内部的民主氛围，以内部民主带动班级民主，激发班级成员参与班级管理的积极性。班级精品活动离不开班委密切配合。班级精品活动强调以班级建设目标与大学生核心价值观的建立培育为背景，以班级组织为载体的成员共同参与过程。

在活动中充分利用班级资源，发挥班委会的组织、协调作用；活动开展之后收集、处理各种反馈信息，做好各种资料的整理和总结，对活动进行反思，吸取经验教训，提高组织活动能力。

二、以文化建设为创新切入，培树班级提升核心竞争能力

班级文化作为一项群体文化，是全体学生共同创造并为他们所接受的，寄托着学生共有的理想和追求，体现着共有的心理意识、文化观念和价值取向，进而激发成员对班级目标、管理准则的认同感及作为班级一员的责任感、荣誉感和归属感，从而形成强烈的向心力、凝聚力和群体意识，促使学生在日常学习和生活中，对这个集体有着一种依赖与依恋，有效地激发全体成员参与集体活动的积极性、主动性和创造性。大学的班级文化就是通过大学生群体在学习生活中所营造的促进学生成长成才、全面发展的文化环境和群体氛围来实现对大学班级的有效管理的。

1.引导班级确定共同明确的奋斗目标，形成共同的思想行为观念。学生的行为是在其思想观念的支配下产生的，有了奋斗目标，才有前进的动力，才能有效地教育和引导班级成员为实现共同目标而努力。

2.引导培养班级成员的团队精神,注重调动和发挥每名成员的个体力量。通过开展丰富多彩的文体活动,将个体力量汇聚成集体力量,使其为班级赢得荣誉、做出更大贡献。通过实践培养班级同学之间团结互助的团队协作精神和集体主体精神。

3.引导学生正确交往,处理好人际关系。引导学生学会真诚待人、互助互信、团结协作。树立集体意识,培养班级形成共同发展目标,班级成员养成良好心理素质,促成良好人际关系。

4.引导培养学生个人价值观念。班级是由学生个体组成的,学生的个体表现影响群体文化的塑造。引导学生在生活中的小事中发现自己,把生活本身当作自我成长的教材,使学生通过生活小事探寻正确思考方向,进而树立正确的世界观、人生观和价值观。激发学生个体融入班级群体,形成文化互渗的班级发展格局。

多措并举，凝心聚力，把思想引领融入基层团组织建设全过程

——团支部建设实践案例

柯文雪

案例描述

一、向上，树立先进思想理念

广电 1801 团支部严格落实"三会两制一课"制度，积极开展团日活动，坚定不移引导团员青年凝聚爱国情怀、找准政治方向。

主题观影领略强国风采。团支部组织观看影片《厉害了我的国》《习近平新时代学习大会》，引导支部成员全面了解世情、国情，从而自觉把爱党、爱国、爱社会主义有机统一。进一步增强对中国共产党的情感认同和理性认同。观看影片后支部成员总结各自感悟，从习近平新时代中国特色社会主义思想的博大内涵中汲取成长发展的长期动力，立志贡献磅礴的青春力量，为实现中华民族伟大复兴的中国梦不断砥砺前行。

缅怀先烈汲取精神力量。参观大连英雄纪念公园，缅怀革命先烈的丰功伟绩。支部成员被革命先烈崇高的理想信念、高尚的道德情操、大无畏的牺牲精神深深感染，这也激励支部成员向英雄人物学习，涵养浩然正气，切实增强政治担当、历史担当、责任担当。

红歌大赛奏响时代乐章。团支部组织开展红歌歌唱大赛，以小组为单位进行展示。支部成员以良好的精神风貌回忆峥嵘岁月，唱响对祖国的热爱与报效祖国的决心，借助网络直播的形式，扩大活动影响力。

建立理论学习专属微信群，支部成员实时交流心得体悟，互解疑惑，自觉加强个人理论学习素养，发扬学到底、悟到位的精神，努力成长为习近平新时代中国特色社会主义思想的忠实信仰者、自觉践行者、坚定捍卫者。

二、向学，诠释广电专业风采

从理论到实践，广电 1801 团支部始终坚持线上线下结合，发挥专业优势，开设特色团

课,从演播室录制到实地外景拍摄,从平面海报到短视频制作,支部成员从新闻中学理论、从时政中悟知识,全面提高综合素质。

支部建设聚焦社会热点,结合学科知识,积极丰富活动形式,力求提升成员实践能力,做到思想性与趣味性并重。五四运动百年之际,支部成员参与《沁园春·长沙》快闪视频录制,作品在中国教育电视台播出,大放异彩。

从"焕发青春热血"到"规范落实推优",支部成员在加强思想建设之余,也通过较强的自制力、优秀的课程成绩得到了专业老师的一致好评。支部连续两年获评大连理工大学先进团支部,并在五四表彰中荣获"大连理工大学红旗团支部"称号。

三、向前,丰富创新团建形式

举办"模拟人代会",建言献策,感受时代方向。支部成员以团小组为单位进行社情调研,并在调研基础上搜集资料,撰写议案,议题涉及社会保障、食品安全、交通出行、环境保护等社会热点。支部邀请辅导员出席指导,并评选出优秀个人及团小组。"模拟人代会"的成功举办激发了支部成员关心国家大事、为社会主义现代化建设出谋划策的主人翁精神,逐步增强和提高支部成员政治参与的责任意识和实际本领。

举行知识竞赛,以赛促学,厚植爱国情怀。团支部举行爱国主题知识竞赛,营造"比、学、赶、超"的良好氛围。本次知识竞赛从悠久历史、灿烂文化、壮丽山河、爱国事件、共和国光辉成就、爱国诗歌等方面入手,融知识性、教育性、趣味性于一体,充分调动支部成员的参与热情,强化以赛促学、以学促知、以知促行,提升支部成员理论学习素养。

开展宣传展览,广宣精神,彰显责任担当。只有心中有信仰,才能前进有方向、脚下有力量、坚持有定力。团支部以国庆节为关键契机,举办"祖国在我心中"主题艺术展览,通过自选形式,充分调动支部成员的参与热情,激发支部成员的主观能动性与创造力。支部成员以书法、绘画、诗歌等形式的艺术作品表达对伟大祖国的热爱,传承红色基因,弘扬爱国热情,为中华民族发展建设强基固本。

案例分析

1. 部分团员对团员身份的认识不足。部分团员学生还没有对共青团形成一个比较系统的了解,对共青团缺乏一定的认识,存在对自身的团员身份认识不足的问题。对团中央的要求落实不明,没有认识到参加团组织建设活动是团员的基本义务。同时,团建活动跟学习活动、社团活动等其他活动的冲突,也是导致团员产生一定抗拒情绪与疲倦感的缘由。

2. 团建活动形式单一。当代团员是行走在互联网和经济高速发展时代下的新青年,常规性的、教育性的活动方式已经不能引起学生的普遍兴趣。部分支部为尽可能减少活动时间和精力消耗,组织开展的活动内容枯燥乏味、形式单一,导致团员对团建活动的积极性不高、认同感不强。

3.管理制度不够完善。完整的管理制度是基层团支部团建工作开展的基本保障。部分团支部没有严格落实上级团组织的相关要求,没有根据团支部特点探求支部的运行管理机制,更没有很好地在全体团员中开展团知识普及宣讲。在某种程度上,导致大学阶段学生成长发展的认识向科研、就业等方向偏重,忽视思想建设总开关的重大意义。

案例启示

一、培根铸魂,以理论引领提升思想高度

习近平总书记在考察清华大学时谆谆教导新时代中国青年"要锤炼品德,自觉树立和践行社会主义核心价值观,自觉用中华优秀传统文化、革命文化、社会主义先进文化培根铸魂、启智润心,加强道德修养,明辨是非曲直,增强自我定力"。

基层团组织要充分发挥思想阵地和战斗堡垒作用,依托"三会两制一课"制度、"青年大学习"等活动,学习宣传贯彻重要讲话精神,学习了解新思想的理论特色和实践要求,引导广大青年团员树立正确的人生观和价值观。同时,强化成员内部交流,提升支部创新活力,提高成员对时事热点的感知力和理解力,从理论学习中筑牢信仰。在支部内部营造红色氛围,进一步保持和增强共青团组织的政治性、先进性、群众性,打造更加充满活力、更加坚强有力的团员队伍。

二、班团一体,以组织引领确保建设力度

2016年印发的《高校共青团改革实施方案》中明确表示,在全国高校中推行班级团支部与班委会一体化运行机制。

班团干部是团支部建设的重要抓手,班团干部应立足本职,明确定位,紧抓工作着力点,优化管理程序,例如由班长兼任团支部副书记,使得活动效能最大化,将团与班的相似活动整合,减少过程化,从而提升工作效率,进一步促进团的活力提升,从而提高基层团组织的组织力、凝聚力与战斗力。同时,通过理论学习和实务操作,不断提高班团干部的综合素质,建立健全考核机制,有效管理班团干部队伍。

三、结合专业,以实践引领扩展宣传广度

支部建设要本着勇于创新、积极进取的实践精神,肩负着以史为鉴、展望未来的历史使命,将团支部建设与专业实践活动紧密结合,利用有限的资源,挖掘专业特色,充分发挥

支部成员的主动性，让支部成员在专业实践中不断向前。

宣传总结工作是团支部建设活动的最后一环，通过宣传总结工作可以进一步展现团支部风采、提升团支部活力、扩大活动影响力，在团支部内部营造"见贤思齐"的良好氛围，带动成员共同学习进步。尤其对于广播电视学专业的团支部，开展团建宣传工作能够使支部成员在专业学习期间就能够把自己所学的专业知识在实践中运用、检验或发展，增进学生对专业技能的理解和掌握，引导支部成员在专业实践中学习，培养和锻炼专业能力。

先锋领航促成长，支部创新聚力量

——高校学生党支部建设工作案例

孙智妍

案例描述

某学院党支部原本是一个不成熟的学生党支部，支部组织建设不健全，活动的开展也没有深入到党员中，支部活动的开展一直是由支部书记一人组织，因此效果并不理想。渐渐地，支部建设仿佛一个烫手山芋，支部书记工作的开展也越发艰难。像许多学生党支部一样，该支部在前进的道路上不断摸索着，在发现问题的过程中不断完善自己，支部渐渐意识到原来的老路已经走不通了，唯有创新才能引领支部继续发展。

支部共有党员 17 人，积极分子 12 人。高年级党员中骨干党员的毕业离校让整个支部的气氛陷入沉闷，原来支部中的先锋力量没有了，支部顿时失去了支撑，现有的高年级党员又十分低调，不愿意表现自己，也没有人愿意为支部建设出谋划策，支部再次陷入了发展的困境。

没有先锋党员的支部就像没有将士的部队，支部意识到不能再依靠原来的先锋党员，一定要重新培育新的先锋党员。在支部成员新学期见面会上，支部党员介绍了其在西部参加短期支教的点点滴滴和作为一名党员如何尽其所能全心全意为人民服务，支部同学深受鼓舞。于是这成为支部的常态化工作，每次组织生活会都有一名党员介绍自己的经历，从默默无闻到勇争先锋，每位党员都想站在讲台上讲讲自己的经历，支部将其命名为"我是党员我来讲"。

学院党委指导支部制定了分阶段目标和长远工作规划，提出了"先锋模范工程"。"先锋模范工程"被定义为"1 个中心—4 个阶段—8 个主题"，即围绕"先锋模范工程"这个中心，通过理论学习、模范教育、先锋实践和先锋激励 4 个过程，开展了 8 个具有时代特色和影响力的主题活动。

针对党员理论学习不主动、学习效果不明显的问题，支部开展了"我是党员我先学"和"我是党员跟我读"学习活动，使党员从"愿学"到"乐学"，在支部内营造了良好的理论学习氛围。支部将模范教育融入日常工作中，在开展民主生活会中对党员进行模范教育，开展了"我是党员你来评"民主生活会，支部通过随机题签的方式促进了学生党员自我批评与互评,收到良好效果。在支部的模范教育过程中,支部党员们感受到了党组织的关怀,同时又深切意识到先锋模范在支部中的重要作用,在走向先锋党支部的道路上,该支部迈出了坚实的一步。

在"一二·九"到来前夕,支部抓住这个机会对全体支部同学进行先锋教育,支委会经过长时间的准备,开展了"模范面对面"先锋党员事迹交流会。支委会特别联系了"全国道德模范"邵春亮老师,与支部的先锋党员共同交流。邵老师在交流时多次指出:"党员是平凡的,但党员要时刻有为国担忧的情怀,要具备责任意识,在平凡的生活中能够见微知著,时刻把自己放到风口浪尖上来思考问题。党员的心应该与广大群众的心连在一起。对一个党员来说,具备一颗爱心很重要。作为一名老师,应当把自己的每一名学生都当作自己的孩子来爱。"党员刘芳被邵老师的这种勤奋敬业、终身奉献党的民族教育和民族团结进步事业的崇高精神所感动,现场创作了两句诗送给了邵老师:"立德言功成世范,树桃李松荫边疆。"支部的建设不仅让支部充满活力,更重要的是让这样一种先锋精神根植于每位党员的心中,即使走出校园,支部的每一位党员都能时刻提醒自己"我是党员""我是先锋党员",时刻发挥着先锋模范作用。

支部的成长和发展不仅要靠支部书记带头,更要发挥支部每一位成员的作用,让支部的各项制度有效运行,同时结合支部特色,探索支部建设的创新思路。学院党委张老师与支部书记谈话时反复强调:"支部建设并不仅仅是开展活动,一定要紧紧围绕'学习成才'的目标,勤于思考,敢于创新,注重实效,体现特点。"在学院党委的关怀下,支部从一个普通的学生党支部成长为学校的先锋党支部,在走向先锋党支部的道路上经历了困惑与磨难,正是这样的考验和挑战,让支部一步步成长、一点点成熟。

案例分析

一、上级党组织对党支部建设全过程跟踪指导

某学院党委切实参与党支部建设的过程指导,鼓励党支部创新党支部活动形式和载体,提升活动的层次和质量,为增强支部活动的效果和影响力提供经费和新闻宣传支持。

二、搭建党支部建设交流平台

为了让各党支部加强和改进党支部建设、增强支部活力,上级党组织结合党支部书记培训的平台,开展了支部建设研讨与交流,让支部书记与学校优秀党支部书记就如何开展支部建设进行对话和探讨,不断深入探索高校党支部建设与学业的有机结合,创新党支部自身的工作方法和活动方式,提高党支部组织生活的质量。这些举措为各党支部深入开展支部建设提供了创新思路,在向学校优秀党支部学习的过程中探索自身的发展道路。

案例启示

一、注重党建活动品牌的凝练

"先锋模范工程"的实施立足学生本职,从基层党组织的活动开展体现党员关心学校发展,充分发挥学生党员的先锋模范作用。上级党组织指导支部进行的总结凝练,让"先锋模范工程"成为主题鲜明、框架明晰、内容丰富的党建模式,更是打造了具有时代性和感染力的党建品牌。

二、注重提升党建工作效果

学院党委指导该支部实现了党员教育全过程、全覆盖培养,从带领党员"学理论""受教育"到"做实事""当先锋","先锋模范工程"的"1 个中心、4 个过程、8 个主题"贯穿党员教育的全过程。"先锋模范工程"结合支部特色,让党建工作受欢迎、学生党员受教育,凝练了"以先锋党员引领党员进步,以先进支部促进基层党建"的支部文化,并通过支部文化的培育和传承,切实提高了基层党支部的战斗力。

铿锵玫瑰，大工精神

——特殊学生群体培养建设案例

黎晓明　孙智妍

案例描述

　　CUBA 中国大学生篮球联赛是中国体育史上第一个面向高校、面向社会，以培养高素质、高水平篮球人才为目标，采取社会化、产业化运作模式的大学生专项运动联赛。1996 年开始酝酿，1997 年建章立制，1998 年正式推行，历经八年六届的发展，已成为国内篮坛两大赛事之一。

　　大连理工大学女子篮球队（简称大工女篮）成立于 2002 年，是一支年轻、富有活力、团结的队伍。大工女篮作风顽强、训练刻苦，强调队伍的整体实力，注重防守，在第十届 CUBA 联赛中获得东北赛区的第三名。大工女篮从第五届 CUBA 联赛开始参加比赛，比赛认真、训练刻苦，给 CUBA 联赛带来了一股新风。在学校各级领导的重视和培养下，大工女篮利用良好的训练平台和比赛经验取得了一个又一个佳绩。2009 年 3 月 26 日，第十一届 CUBA 大学生篮球联赛（东北赛区）在大连理工大学开幕。大工女篮过关斩将，与各大高校一路拼杀，最终获得 CUBA 女子篮球超级联赛（东北赛区）第四名的优秀成绩。那一时刻，她们得到的不仅是第四名的荣誉，更重要的是集体的凝聚力与汗水的回报。

一、十二枝铿锵玫瑰

　　大连理工大学女子篮球队共 12 位队员，她们是一群普通得不能再普通的女孩，篮球已经是她们生命中必不可少的一部分，篮球曾让她们发自内心地拥有成就感，让她们觉得有篮球在身边可以放弃一切，再苦再累也愿意用这份热爱支撑自己。篮球对她们的意义，已不仅仅是一项运动，而是一份热爱、一种责任。这 12 位队员普遍比较年轻，队员的身体素质与其他队伍相比并不占优势，但在赛场上，女篮姑娘们会全力拼抢，她们深知自己肩负的不仅是自己赋予的压力，还有老师与同学们的期待及大工的荣誉。经验丰富的运动员宋鸽，三分投手刘丽萍，灵活聪慧的张颖、冯楠楠，身姿矫健的孙静，金牌中锋尹一珺都是大连理工大学女子篮球队的主力选手，大家在赛场上相互配合，共同为了这个集体奋斗拼搏。

二、荣誉的背后

拼搏背后的酸甜苦辣是不为人知的:队长刘丽萍膝关节严重受伤,膝盖上从来都缠着绷带和护膝;得分王尹一珺在场上拿下了全场最高分,她身上闪耀的光环背后是她每天留在体育馆里加练的身影。所有女篮姑娘们心中都只有一个信念:要为集体争光!正是这样的精神动力支撑着她们刻苦训练,从不叫累。辅导员为能让女篮队员不在训练和学习上掉队,经常与她们沟通,解决她们的困难,老师最担心的就是训练占据太多时间以致学习时间无法保证。在老师的耐心开导下,女篮队员们不但在日常训练中积极刻苦,在平日的生活和学习中也表现出超出常人的毅力和决心。老师特别交代女篮队员所在班级的班委,平时一定要对女篮队员们多加关心,在学习和生活上多加帮助,遇到什么困难一定要及时向辅导员反映。她们性格开朗活泼,积极参加班级组织的活动,热情直爽,与班级同学相处十分融洽。学习上女篮队员们更是不甘落后,课堂上认真听讲、做笔记,及时与老师沟通。由于训练而耽误的课程她们都会及时补齐,考试前的复习时间她们会主动找班级同学答疑,在所有的考试中女篮队员都付出了自己的努力且取得了优异的成绩。在大连理工大学女子篮球队这个大家庭里,每个人都会用心付出。

2009年大连理工大学"榜样大工"评选大会上,队员孙静代表所有队员这样发言:"我们从不在任何人面前说,我们女篮有多么的棒,我们希望自己流过的汗、吃过的苦都能在这一届CUBA上有所回报,当我们听到看台上为我们加油呐喊的声音,当我们走在校园里备受瞩目,当我们赢了一场又一场比赛,我们都会忍不住流下眼泪。我们为了集训取消了所有假期,放假过年回家,只能待三天……我们付出的这一切在别人眼里只是一些时间的逝去,而对于我们,训练后的劳累让我们除了吃饭睡觉不想再做任何事,那种感觉或许只有我们自己知道。当初我们的抱怨、不满,在经历了这些后,会稍稍有些许安慰。我们也懂事,我们也知道其实吃苦的不光是我们,还有我们的教练和学校的老师。一起出早操,一起训练,他们比我们更着急,心理上承受的压力他们从不对我们说。教练平日对我们向来都是关爱有加,他们不仅教授给我们篮球理念和技术,同时也给予我们如父母般的教导和关爱。这就是我们这个大家庭,我们的女篮队伍。在苦痛中感知幸福,才发现幸福是相对的,它同时也是一种懂得。如若没有那些苦,我们也不知道幸福有多么甜。"现场掌声雷动,是献给她们的荣誉,更是献给她们荣誉背后的汗水。

三、第十一届CUBA——女篮姑娘们,加油!

2009年,是女篮姑娘们注定要记住的年份。在那些苦难降临之后,她们记住了团结、坚强、发展。

这一次的比赛对于每个人来说都意义重大,因此每一个女篮姑娘都深感压力。细心的辅导员发现了大家的变化,在课下找大家谈话。开始大家都低头不吱声,每个人都心事重重。最终还是平时比较外向的孙静先开了口:"老师,我真的想在这次比赛中取得好成绩!"

老师明白了,大家都想在这次比赛中超越自我,再创佳绩,以至于给自己的压力太大又无处倾诉。老师从她们每个人的优缺点和性格特点入手,肯定了大家的目标和斗志:"这次比赛是个难得的机会,不仅是展示自我的平台,更是展示我们篮球队的机会、展示学校的机会,所以大家一定要劲儿往一处使,拧成一股绳才行。每个人都有闪光点,但是凝聚在一起才会耀眼,所以大家一定要从集体的角度出发,互相配合,具体的技术战术我不太懂,但是我们的精神、信念一定要凝聚起来。大家不要有太大的思想压力,这次比赛学校确实对大家寄予了希望,但是只要我们团结一心,无论结果如何,我们一定能打出一场精彩的比赛,对得起这个团队,就足够了,大家说呢?"老师的一席话让大家眼里充满着信心,最后老师又问了问大家在生活和学习上还有什么困难。

经过和山东科技大学、天津师范大学、北京大学等强敌的一路拼杀,女篮姑娘们昔日的努力全都实现了价值。4月2日,大连理工大学女子篮球队获得 CUBA 女子篮球超级联赛第四名的优秀成绩。至此,学校对于校庆的日子更是期待。是谁,鼓舞了同学们的斗志?是什么样的情感催促着大工人奋斗的激情?是她们——女篮队员。

案例分析

大连理工大学女子篮球队能够取得各方面优异的成绩,主要原因有以下几点:首先,是学校的正确领导和学院的细致教育。大工女篮队员所在的人文社会科学学院本着"以人为本,兼容个性,激发热情,用人所长"的工作原则,按照"文理渗透、中西融汇,学研一体,博专结合"的建设理念,遵循"以学科建设为龙头,以教学科研为两翼,以队伍建设为主体,以教书育人为根本"的发展思路,培养了一批又一批的社会性综合人才,这样的教育模式让女篮队员们形成了敢于施展能力、敢于拼搏进取的精神,对于大工女子篮球队整体的精神风貌有很大影响。同时辅导员在平日的细心观察和耐心教导使得女篮队员在生活和学习中不甘落后。其次,是团队影响。大连理工大学女子篮球队自 2021 年成立至 2023年,已走过了 21 年历程,在此期间团队经历了大大小小的比赛,有成功也有失败,多年来的刻苦训练和相互扶持,队员之间形成了默契的配合,队员与教练建立了深厚的感情,教练和学校相关领导及队员们一样辛苦,一起出早操,一起训练,教练平日对女篮姑娘们关爱有加,不仅传授篮球理念技术,同时也给予了如父母般的教导。团队意识深深烙印在每名队员的心里,因此在比赛中,无论对手多么强大,女篮姑娘们心中时刻有团队,一切为了团队,努力拼搏。最后,是家庭支持和无限友情。"冰冻三尺非一日之寒",女篮队员们过硬的技术不是一朝一夕练就的,这和家人的培养密不可分。每位女篮队员从小开始练习篮球,家人的支持和鼓励是她们一直以来的精神动力。每次赢了比赛,第一时间就是通知自己的家人,亲情的力量让每位女篮姑娘有着不懈的动力和勇气始终坚持。女篮队员们在班级和级队与同学们亦结下了深厚的友谊,各种体育赛事,只要有她们的参与,就有同学们加油喝彩的声音,在赛场上那些坚定有力的呐喊是支撑女篮队员们永不放弃的不竭动力。

篮球作为团队项目,是集体、配合、拼搏三者之集大成。女篮在大大小小征战中获得的金光灿烂的奖杯,不是一个人所能完成的。在这其中,集体荣誉感发挥了不可替代的作用,集体荣誉感是一种积极的心理品质,是推动人们履行道德义务的巨大精神力量。有集体荣誉感的人总是把自己的一言一行和集体荣誉、利益联系起来,努力完成组织交给的任务,为集体的荣誉而奋斗;把集体的荣誉看作高于个人的荣誉,为集体的成功而感到自豪,为集体的挫折或失败感到苦恼;热爱自己的集体,希望自己的集体为国家做出更大贡献;决不以损害集体利益来获取个人名利。集体荣誉感可以促使人们不甘落后,积极向上,勇往直前,为集体事业克服困难,去创造光辉业绩。团结是由多种情感聚集在一起而产生的一种精神。女篮的训练很艰苦,而她们依然坚持在赛场上奔跑拼搏。团结的力量在激励着她们,让她们在苦痛中依然屹立,心有灵犀,配合默契。在大连理工大学承办第十一届CUBA的赛场上,团结的力量给予所有大工人团结一心、发奋图强的坚定信念。

案例启示

　　要培养学生良好的道德品质,就要引导学生树立正确的世界观、人生观和价值观;只有当学生真正树立起正确的三观,他们才可能形成良好的道德品质。集体主义是价值观的核心,是正确的世界观、人生观和价值观的最终结果和体现,也是学生良好的道德品质的起始和基础,在学生思想品德中具有极为重要的地位。在校园精神文明建设的实施过程中,集体主义精神影响着学生自我评价、评价他人的标准和原则,影响学生处理各种人际关系的态度和方式,也影响着他们的日常行为。我们要把培养学生的集体主义精神放在校园精神文明建设的重要位置,注意强化对学生集体主义精神的培养。我们应该努力增加各种层次的集体性竞争、竞赛,扩大以集体成败作为评判个人能力和才华标准的范围,促使学生把个人奋斗与集体精神有机结合。激活每名学生头脑中的群体意识,为集体主义培育优质土壤,为校园建设烘托精神氛围。

班导生工作建规程,入学教育老带新

——班导生选拔机制建设案例

黎晓明

自20世纪初至今,新生入学教育开展过程日趋成熟,并彰显着"班导生"这一并不新鲜但始终鲜活的名词。这些活跃在迎新教育全过程的青年学生,不但通过自身的努力不断奉献和发展自己,更在服务他人的过程中不断感悟成长,影响、促进着一个团队的文化传承。从另一个侧面,更体现着学部学院在基础文明工作和学生干部培养工作中的思考与开拓。

案例描述

一、工作回顾

2010年刚刚组成的班导生团队,辅导员们亲切地叫他们"服务员"与"小跑腿",褪去入学一两年的青涩,直面比自己小一两届的学弟学妹,淡定中仍旧忐忑,成熟中尚显无助,有的班导生甚至还没有新生年龄大,但角色赋予他们的能量成为一剂强心剂,灌注其中的,是满满的责任与使命。

如今,在领导、历届辅导员的推动和经营之下,班导生已成为迎新工作中不可缺少的支撑力量,他们鲜活、有激情,他们执着、有张力,他们代表着人文最优秀的一部分人,他们为人文精神的传承披荆斩棘。若干年来,班导生存在于阶段性的过程之中,虽其承前启后的影响力与辐射作用在新生适应期内效应显著,然其生命力和存在的价值也因工作内容的逐渐推进而越发浓重。

班导生的选拔,最初的目的是为方便辅导员工作,为进一步推动新生适应能力提升和促进事务性工作效率等进行的辅助性尝试。从2020年到2023年,23年的建设告诉我们,通过对在校生中有志者的选拔、引导、指导、监管,无形中架起了培养学生干部和提升学生人际能力、认知水平、行政决策等多方面素质的平台,为精英教育开辟了另一条通道。事实证明,有过班导生工作经历的学生,毕业后发展优势突出,部分学生走上了辅导员岗位或高等教育工作的道路。

二、选拔标准

根据学校迎新工作的整体要求,学部形成内容充实、形式丰富、内涵严谨的内部通知,电子版文件通过统一渠道获得在校生的广泛阅读与了解，过程中穿插着对班导生选拔工作的宣传与推动，并且通过春雨谈话等方式择优开展话题交流活动，动员有能力的优秀分子加入其中，充实扩大选拔面。选拔以党员为前提，以学习优秀为必要条件，以言行得体、道德示范、责任担当为基本素质，以班级建设和精神引领、主动思考和目标导向、传承促进和谐文化、开拓创造时代特色为落脚点，认真细致做好迎新工作的思考与准备。

三、选拔步骤

根据硬件条件对填报表格的人员展开筛选，按一定比例筛出至少 200％ 的学生进入笔试环节，通过笔试对基本问题的回答，将此类人群的工作态度和基本素质全面摸排，掌握接下来面试环节的主要问题。淘汰一定比例之后，在面试过程中，设计有针对性的问题，开展无领导小组讨论和户外素质拓展两个环节，再通过面对面观察，对班导生形象素质、语言表达、总结能力、实践经验、政治高度等问题做好充分了解。确定人员之后需开展内部培训，针对政治立场、大局观念、环境评估、前中后期事务工作、现场引导管理等方面做出较为细致的介入式启蒙，培养班导生深挖工作内涵、提升思想境界。

四、培训指导

通过二十余年的建设我们看到，在班导生选拔机制发展建立的过程中，选贤用人从宽口径向标准化迈进是必然趋势。制度标准的完善，给予学生重视程度和努力向上的激发与引导，在某种程度上给予工作本身更高的定位，无形之中将口口相传的班导生工作纳入了学生干部培养的重要环节。学生重视了，老师也就重视了，思考以通过设计何种工作形式来收获预期效果来实现一举多得。党的指导方针和学校要求始终是做好班导生选拔工作的前提，学部的理念以及学生本身对此项工作的想法是做好班导生选拔工作的核心要素。因势利导、与时俱进、全面预判、迎难而上成为培训指导工作的重点和突破，把握住核心思想，工作自然顺利推动。

五、实际工作

首先指导学生从班级管理的定义入手，了解即将面对的是一群什么样的人，有着怎样的思想和行为特点，将以怎样的心态面对新班级的种种建设难点和组织细节，两名班导生如何搭配，做出怎样的任务分工等。其次，在拿到名单之前应如何做好前期准备，拿到名单之后的数据梳理、问题调研、班群建立、实时联络等问题要计划周详。迎新大数据公开之后的疑难解答和政策咨询、业务引导等工作应做到学习、收集、整合与查阅及时准确。

前期工作开展得越到位，迎新过程越轻松；与辅导员的沟通越细致，遇到突发事件时的应对越从容，对学生素质能力提升的效果也越显著。一切问题的核心在于教会班导生努力做好角色转换，迎接实战考验。

六、总结收尾

每年 9 月迎新季,班导生活跃在新生群体的每个角落,以班级为单位,亦兄亦友,全情投入,仅一个月时间,传递的是爱与责任,体现的是信念与传承。二十余年,班导生工作犹如一股清泉,师生无不感念。做好班导生的选拔与任用,是高等学校迎新工作的必然选择,是时代发展的召唤。学生在工作中锻炼管理协作能力,提升学生干部工作水平,老师在思想政治教育过程中总结经验、凝练思想、修正不足,共同为新生适应大学、全面发展、不断进步贡献力量,同时也是正向影响与教学相长的全面体现。

班导生工作结束的时间节点在不同单位有不同的指导意见,也可以通过新生班委会团支部建立之后,由领导中心的转移而自然实现,但无论如何,班导生作为学长的身份不变,他们始终活跃在文化传承和精神引领的层面,为学部学院内外部建设发展贡献力量。

案例分析

一、班导生选拔的年级问题

1.大二年级学生担任班导生的优势与不足

大二学生因与新生年间隔小,往往能感同身受,便于与新生交流,有利于新生融合互动,但其不足也相对明显。大二学生在处理问题方面存在缺乏经验、思考不成熟等情况,若事情处理不当,对所带班级班风影响明显。

2.大三年级学生担任班导生的建议

大三相对大二的学生来说,课业繁重程度有所减轻,他们拥有更丰富的活动经验和成熟的心智,能够更理性且有效地解决新生生活问题,从而为新生适应和习惯养成提供正面建议。但针对学部历来以大二学生作为班导生的传统,欲重改搭配,也面临诸多困难。

3.大二、大三学生组合任职的可行性

利用大二学生更贴近新生、大三学生更富经验的客观条件,可以尝试将大二、大三年级学生组合任职,真正做到既能切实合理应对突发问题,又能贴心助新生顺利过渡,带领新生养成良好的学习生活习惯。

二、班导生选拔的其他问题

1.制定完善的选拔制度

班导生选拔要与时俱进,在建设中发展完善。制定完善的政策制度并随时修正补充,严格规范班导生选拔与培训机制建设,是确保班导生能力素质的关键。

2.建立"迎新先锋队"，提供专业技术支持

为全面展现新生风貌，迎合迎新工作多样化、多形式开展，可以建立除班导生外的"迎新先锋队"，为迎新提供活动指导、视频制作、音频剪辑、朗诵、合唱训练等技术性较强的专业支持。

3.扩大学习成绩因素在班导生选拔中的比例

拥有良好的学习成绩意味着较为端正的学习态度，而学习态度对于大学生活来说尤为重要。班导生在组织活动、带领新生的同时，也应为新生带去更多专业视角的帮助。在入学适应期间，班导生应从自身出发，引导新生养成良好的学习习惯，树立更高的学术理想。

案例启示

作为最贴近新生的班导生工作，其主要内容是根据学校规定，协助辅导员处理新生入学的各项事务工作，带领新生尽快熟悉大学生活，融入校园环境并进入学习状态，因此，逐步建立常态化的工作模式将更有利于此项工作的精细化开展。

一、系统学习规章制度，提高学生思想素质

新生对大学生活有太多好奇和未知，班导生需了解学校各方面的具体情况和文件规定，第一时间将准确的信息传递给新生，避免出现错误数据及信息缺失的传播，以免造成不必要的负面影响。

班导生在带领新班级的过程中，要学会以身作则，在校风校纪、学习态度、工作职责等方面，将正确的思想传播给新生。做好班导生的"岗前培训"，不仅可使新生对大学有积极的向往与认识，也可减轻相关部门的工作压力，减少新生父母的担忧。

二、引路而不带路，传递正能量

作为班导生，需要一直保持积极奉献的心态，向新生传递正能量，鼓励学生随时随事自我反思，促进新生对大学生活保持积极、正确的态度。

在加强对新生思想层面引导的同时，做到引路而不带路，拒绝包办，更多发挥引导、带动与启发作用，让新生去体会感悟。不把自己的主观想法强加于人，不过多干预新生日常生活。

三、忘记"小我"，释放"大我"

对新生个体公平对待。性格不合、矛盾冲突不能成为班导生忽略任何一名新生的原因，无论在以班级为单位的小集体，还是以学部学院为单位的大家庭，班导生应忘记自身

"小我",释放心中宽广包容的"大我",在各种机会和竞赛面前,平等对待,择优而上。

同时,注意与新生的沟通。在沟通过程中,严肃与微笑并用,在活动与日常生活中,主动了解新生思想动态、生活状态,给予正面引导和帮扶。

四、转变角色,引导新生养成良好习惯

班导生工作是短期的,但班导生的表率作用是长期持续的。刚刚升入大学的新生是一张白纸,在此时养成的习惯往往能坚持到最后。因此,班导生应着力帮助新生在这一过程中塑造良好的学习和生活态度,在工作后期及结束后,更应注意自身角色转变,在帮助新生解决问题的同时,也要注意及时放手,快速提升新生的自我约束、角色转换及个人定位等适应能力。

迎新班导生工作实施步骤:

1. 迎新工作宣传。

2. 拟订班导生选拔工作方案。

3. 学生填写报名表。

4. 报名表初选及笔试。

5. 面试与素质拓展。

6. 组织培训。

7. 暑假前工作研讨。

8. 联络平台建立与暑期工作传递。

9. 迎新网信息发布。

10. 班级群组织建立。

11. 报道前信息反馈及新生问题解答。

12. 班级特殊类学生调研与信息普查。

13. 迎新现场组织服务。

14. 介入入学教育全程。

15. 组织成立新生班委会团支部。

16. 以指导性时间节点为契机开展活动。

17. 与新生辅导员对话班导生工作,总结梳理,查摆不足,促进工作提升。